主编简介

邓纯东　男，1957年生，马克思主义研究院党委书记、院长，研究员、硕士，博士后合作导师、中国社会科学院研究生院博士生导师，第十三届全国政协委员，全国政协社会和法制专门委员会委员。

主持国家重大交办委托课题和特别重大交办委托课题多项；主持国家社科基金课题4项。筹划马克思主义研究院每年主办的马克思主义及其中国化系列国内论坛10余个，国际论坛3个。

在《人民日报》《光明日报》《求是》等报刊发表理论文章10余篇。主编《中国特色社会主义理论“新思想　新观点　新论断”研究丛书》（6本），《社会主义核心价值观丛书》（12本），《中国梦与中国特色社会主义研究丛书》（10本），《中国道路为什么能成功丛书》（10本），《马克思主义中国化最新成果研究报告》（2013年起每年一卷）等丛书多部。

中国社会科学院
马克思主义理论学科建设与
理论研究工程项目

治国理政思想专题研究文库

国防军队外交思想研究

邓纯东　主编

Guofang Jundui
Waijiao Sixiang
Yanjiu

人民日报出版社

图书在版编目（CIP）数据

国防军队外交思想研究 / 邓纯东主编．—北京：
人民日报出版社，2018.1
ISBN 978-7-5115-5260-0

Ⅰ.①国… Ⅱ.①邓… Ⅲ.①军队—外交理论—思想
评论—中国—文集 Ⅳ.①E22-53

中国版本图书馆 CIP 数据核字（2018）第 011105 号

书　　名：国防军队外交思想研究
作　　者：邓纯东

出 版 人：董　伟
责任编辑：周海燕　孙　祺
装帧设计：中联学林

出版发行：人民日报出版社
社　　址：北京金台西路 2 号
邮政编码：100733
发行热线：（010）65369509　65369846　65363528　65369512
邮购热线：（010）65369530　65363527
编辑热线：（010）65369818
网　　址：www. peopledailypress. com
经　　销：新华书店
印　　刷：三河市华东印刷有限公司

开　　本：710mm × 1000mm　1/16
字　　数：184 千字
印　　张：13
印　　次：2019 年 5 月第 1 版　　2019 年 5 月第 1 次印刷

书　　号：ISBN 978-7-5115-5260-0
定　　价：68.00 元

编者说明

中国共产党是高度重视理论指导、不断推进马克思主义中国化、善于进行理论创新的党。同时,我们党重视对马克思主义理论的学习和研究工作,重视用马克思主义中国化最新理论成果武装全党和教育人民,推进马克思主义大众化。

党的十八大以来,以习近平同志为核心的党中央坚持以马克思列宁主义、毛泽东思想、邓小平理论、"三个代表"重要思想、科学发展观为指导,坚持解放思想、实事求是、与时俱进、求真务实,坚持辩证唯物主义和历史唯物主义,紧密结合新时代条件和实践要求,以巨大的政治勇气和强烈的责任担当,对经济、政治、法治、科技、文化、教育、民生、民族、宗教、社会、生态文明、国家安全、国防和军队、"一国两制"和祖国统一、统一战线、外交、党的建设等各方面都做出了理论上的回答,以全新的视野深化对共产党执政规律、社会主义建设规律、人类社会发展规律的认识,进行艰辛理论探索,取得重大理论创新成果,提出一系列治国理政新理念新思想新战略。

围绕习近平总书记关于系列治国理政新理念新思想新战略的相关论述,学术界理论界发表了非常多的高质量的阐释性、研究性文章。为了更好地配合学习、研究和宣传习近平系列重要讲话精神,为了更好地推进和加强对习近平关于治国理政思想的研究,中国社会科学院马克思主义理论学科建设与理论研究工程决定编辑出版这套《治国理政思想专题研究文库》。文库从丰富的治国理政思想中撷取二十个方面的重要思想,分二十专题编辑出版。包括:《中国梦思想研究》《创新发展思想研究》《协调发展思想研究》《绿色发展思想研究》《开放发展思想研究》《共享发展思想研究》《意识形态工作思想研究》《经济建设思想研究》《文化建设思想研究》《生态文明建设思想研究》《人类命运共同体思想研究》等。文库采集的论文来自党的十八大至党的十九大期间,在重要报刊上发表的部分理论和学术文章。

限于篇幅,不能把所有的高质量文章收入;基于编者水平,可能会遗漏一些高质量文章。另外,在编辑出版过程中对个别文章的标题和内容有所改动。在选编工作中难免出现错误与不妥之处,敬请作者与读者一一谅解与指正。

2017 年 10 月

目录

CONTENTS

以改革创新推动国防和军队建设的新跨越 …… 1

十八大以来国防和军队法治建设思想探析 …… 11

十八大以来国防和军队建设思想的特色 …… 23

自觉担当起维护国家主权、安全、发展利益的重大责任 …… 30

坚定不移走中国特色改革强军之路 …… 39

坚定不移走中国特色国家安全道路 …… 50

十八大以来军民融合发展的新实践新观点 …… 60

党的十八大以来的中国新外交 …… 63

党的十八大以来中国外交战略的继承、发展与创新 …… 73

继承与发展:向世界准确阐释“正确义利观” …… 90

“和合”外交思想 …… 97

十八大以来外交理念“四观” …… 103

十八大以来中国外交话语研究:内涵、创新及其影响 …… 107

传统文化与十八大以来中国外交话语体系构建 …… 123

十八大以来中国参与全球治理的战略布局与能力建设探析 …… 153

十八大以来我国积极参与全球经济治理的战略谋划 …………………………… 166
十八大以来我国外交政策的与时俱进与外交“新常态”的构建 ……………… 180
十八大以来中国周边外交理念与实践的新发展 ………………………………… 188

以改革创新推动国防和军队建设的新跨越*

——学习习近平关于国防和军队建设创新的重要论述

党的十八大以来，如何更好地适应国际战略格局和国家安全形势的深刻变化，建设一支与我国国际地位相称、与国家安全和发展利益相适应的巩固国防和强大军队，是以习近平同志为核心的党中央始终高度关注的重大战略问题。习近平强调，要把创新摆在我军建设发展全局的重要位置，靠改革创新推动国防和军队建设实现新跨越。这是决定我军前途命运的一个关键。改革创新是国家发展的不竭动力，同时也是国防和军队建设发展的根本动力。学习习近平关于国防和军队建设改革创新的一系列重要论述，对于我们打好深化国防和军队改革攻坚战，加快推进中国特色军事变革，实现党在新形势下的强军目标，实现国防和军队建设的新跨越，具有重大意义。

一

人民军队的发展史，就是一部改革创新史。在党的领导下，人民军队从无到有，从弱到强，在近 90 年的奋斗中，从没有停止过改革创新的步伐，这也是我军能够始终保持蓬勃朝气，能够不断从胜利走向胜利的重要保证。党的十八大以来，习近平就在新的历史起点上如何推动国防和军队建设的改革创新，发表了一系列

* 本文作者：王均伟，中共中央文献研究室研究员。

重要讲话。

在十八大产生的新的中央军委第一次常务会议上，习近平提出了"始终以改革创新精神开拓前进"的要求。他提出，改革创新是我军发展的强大动力。我们要抓住当前世界科技革命、产业革命、军事革命蓬勃发展的历史机遇，紧紧围绕"能打仗、打胜仗"的目标，深入推进中国特色军事变革，把我军建设成为"召之即来、来之能战、战之必胜"的威武之师，努力夺取我军在军事竞争中的主动权。2013年7月，他在中央军委专题民主生活会上指出，实现强军目标是一项具有很强开拓性的事业，面临大量新情况新问题，必须勇于探索、大胆创新、锐意改革。他特别提醒说，军队长期不打仗，最容易滋长守成思想，失去进取的锐气，一提改革这个也不能动，那个也有困难。不能身子进了21世纪，思想还停留在20世纪。要既勇于冲破思想观念的障碍，又勇于突破利益固化的藩篱，用新的理念、新的视野、新的方法、新的标准推进军事斗争准备和各项建设。根据这一精神，十八届三中全会通过的《中共中央关于全面深化改革若干重大问题的决定》，专门部署了深化国防和军队改革任务。2014年3月，习近平指出，百舸争流，千帆竞渡，必须到中流击水，不改不行，改慢了也不行，畏首畏尾，犹豫彷徨只会错失良机。2015年11月，他在中央军委改革工作会议上指出，深层次矛盾和问题严重制约我军能打仗、打胜仗的能力，解决这些问题，归根结底要靠改革，国防和军队改革已进入深水区和攻坚期，"事之当革，若畏惧而不为，则失时为害"。他要求在深化国防和军队改革上，要敢于闯难关、涉险滩、啃硬骨头，下决心在事关战斗力生成和提高的重要领域和关键环节改革上取得实质性突破。2016年3月，习近平在出席十二届全国人大四次会议解放军代表团全体会议时强调，把创新摆在我军建设发展全局的重要位置，靠改革创新推动国防和军队建设实现新跨越，是决定我军前途命运的一个关键。创新能力是一支军队的核心竞争力，也是生成和提高战斗力的加速器。攻克制约我军建设和改革的突出矛盾，需要以创新的思路办法攻坚破难。各级领导要带头解放思想、实事求是、与时俱进，推动创新、支持创新、引导创新，实现国防和军队建设更高质量、更高效益、更可持续的发展。

通过改革创新实现国防和军队建设的新跨越，是习近平站在时代发展、战略全局和使命担当的高度，为加强国防和军队建设、实现强军梦指明了方向。

所谓时代发展，就是中国面临的国内外环境。当前，国际格局和国际体系正在发生深刻调整，全球治理体系正在发生深刻变革，国际力量对比正在发生近代以来最具革命性的变化。这个变化的核心是西方维持了400多年的霸权正在逐步削弱瓦解，世界经济版图正在发生深刻变化，发展中国家整体崛起，新兴市场国家实力不断壮大，引起国际格局和国际体系发生着前所未有的变化。中国的发展壮大是推动国际格局和国际体系深刻调整的最重要的一个因素。而某些西方国家是绝对不愿意看到中国共产党领导的社会主义中国发展壮大的，不会敲锣打鼓欢迎中国实现伟大复兴，对中国的防范和戒备心理必将越来越重，明里暗里联手对我国进行牵制和遏制。正因为如此，中国面对的压力也在增大，周边安全风险也在增多，维护我国核心利益和发展利益面临的挑战也更为复杂。在国际较量中，说到底还是要看实力，我们需要政治运筹、外交谋略，但军事力量是保底的手段。我们只有实现国防和军队建设的跨越式发展，在世界新军事革命中力争走在时代前列，才能掌握战略上的主动权。

所谓战略全局，就是党和国家的工作全局。十八大以来，以习近平同志为核心的党中央坚持和发展中国特色社会主义，提出并形成了“四个全面”战略布局，这个战略布局确立了新形势下党和国家各项工作的战略方向、重点领域、主攻目标，而深化国防和军队改革既是这个战略布局的重要内容，也是实现这个战略布局的重要支撑。党的十八届五中全会提出，坚持发展和安全兼顾、富国和强军统一，实施军民融合发展战略。这就是说，深化国防和军队改革是我们实现全面建成小康社会目标的题中应有之义。同时，建设巩固的国防和强大的军队，对于坚持党的执政地位、坚持和发展中国特色社会主义、实现党和国家长治久安具有特别重要的作用。我国目前正处于由大向强发展的关键阶段，强国必须强军，军强才能国安。

所谓使命担当，就是党在新形势下的强军目标。习近平提出了建设一支听党指挥、能打胜仗、作风优良的人民军队的新形势下的强军目标,这个目标既总结了我们党建军治军的成功经验,也考虑了国际战略形势和国家安全环境的发展变化,同时着眼于解决国防和军队建设面临的突出矛盾和问题。要落实强军目标,履行好人民军队的使命任务,必须通过改革创新,尽快缩小与世界军事强国的差距,使军队的战斗力实现质的飞跃。

二

深化国防和军队改革是实现中国梦、强军梦的时代要求,是强军兴军的必由之路,也是决定我军发展壮大、制胜未来的关键一招。改革创新的各项举措,都需要精心组织、稳扎稳打,要按照“四个全面”战略布局要求,以党在新形势下的强军目标为引领,贯彻新形势下的军事战略方针,全面实施改革强军战略,着力解决制约国防和军队建设的体制性障碍、结构性矛盾和政策性问题,推进军队组织形态现代化,进一步解放和发展战斗力,进一步解放和增强军队活力,建设同我国国际地位相称、同国家安全和发展利益相适应的巩固国防和强大军队,为实现“两个一百年”奋斗目标、实现中华民族伟大复兴中国梦提供坚强的力量保证。

根据这样的指导思想,以习近平同志为核心的党中央围绕实现强军目标,统筹军队革命化、现代化、正规化建设,统筹军事力量建设和运用,统筹经济建设和国防建设,提出了指导国防和军队改革创新的一系列重大方针原则。

(一)要坚持正确政治方向,把握好改革创新的方向和原则。改革不是改向,变革不是变色。国防和军队改革创新,是中国特色社会主义军事制度的自我完善和发展,是为了更好地发挥我们军事制度的优势。我们军队的基本制度,比如党对军队的绝对领导,无论任何情况下都是不能改变的。相反,必须通过一系列体制设计和制度安排,把党对军队的绝对领导的根本原则和制度进一步固化下来,并加以完善,强化中央军委的集中统一领导,使军队最高领导权和指挥权更好地集中于党中央、中央军委。这一条不能有丝毫含糊和动摇。那些鼓吹“军队国家化”的谬论,是我们必须坚决反对的。

（二）要抓住思想解放这个根本。一支强大的军队必须有科学理论做指导。要坚持理论联系实际，既开阔视野又不跟在别人后面亦步亦趋，既开动脑筋又不脱离实际、好高骛远，大力推进马克思主义军事理论创新，加快形成具有时代性、引领性、独特性的军事理论体系，为强军兴军实践提供科学理论支撑。习近平指出，改革是一场革命，这场革命是体制机制上的，也是思想上的。在原有体制机制下干了那么多年，过去那一套已经顺手了、用惯了甚至固化了，遇事往往自觉不自觉地想着以前那些工作套路，要转过来的确不容易，但再难也要转。思想禁锢是改革的最大障碍，要破除思维定势，突破利益藩篱，从一切束缚思想的条条框框中解放出来，树立与新形势下强军目标要求相适应的思维方式和思想观念，这是改革创新必须迈过去的一道坎。要坚持解放思想、与时俱进，主动来一场思想上的革命，坚决防止穿新鞋走老路、拿新瓶装旧酒。

（三）要坚持问题导向。习近平指出，关于军队建设和改革，我想的最多的就是，在党和人民需要的时候，我们这支军队能不能始终坚持住党的绝对领导，能不能拉得上去、打胜仗，各级指挥员能不能带兵打仗、指挥打仗。从这些年军事斗争的实际来看，能打仗、打胜仗方面存在的问题就是最大的短板、最大的弱项，有的甚至可以说是致命的。当前，世界新军事革命正在深入发展，这场变革以信息化为核心，以军事战略、军事技术、作战思想、作战力量、组织体制和军事管理创新为基本内容，以重塑军事体系为主要目标，其速度之快、范围之广、程度之深、影响之大，为第二次世界大战结束以来所罕见。世界军事领域发展变化，直接影响着国家的军事实力和综合国力，关乎战略主动权。面对世界新军事革命的严峻挑战和难得机遇，只有与时俱进、大力推进国防和军队建设的改革，才能尽快缩小差距、实现新的跨越。习近平对世界新军事变革的发展趋势、我军面对变革存在的主要问题认识非常清醒、分析非常透彻、应对非常得当，抓住了要害。国防和军队的改革创新，必须坚持问题导向，必须坚持战斗力标准，深入研究现代战争特点和制胜机理，抓住重点难点，在领导指挥体制、力量结构、政策制度等方面下功夫，以重点突破带动整体推进。

（四）要抓住重点，整体推进。国防和军队的改革创新是一个系统工程，需要统筹谋划、协调推进。要认真研究哪些是可以闻风而动、立说立行的，哪些是需要统一思想、凝聚共识、逐步推进、水到渠成的。哪些是短平快、可以立竿见影、当年见效的，哪些是需要从顶层设计到具体方案反复酝酿、分步实施、分阶段推进的。只有选准主攻方向和突破口，见之于未萌、识之于未发，超前布局、超前谋划，下好先手棋、打好主动仗，才能在一些重要领域形成独特优势，切实提高战斗力。

（五）要讲大局，过好政治关、利益关、纪律关。任何改革创新都不可避免涉及一个利益再调整的问题，国防和军队的改革创新也不例外。习近平指出，这场改革的大考是思想上的，是利益上的，但归根结底是政治上的。对于改革涉及的每一个同志来说，都要过好三关：听党指挥过好政治关，服从大局过好利益关，严格自律过好纪律关。有些人对国防和军队的改革有一些议论和想法，有的在“为什么这么改而不是那么改”上犯嘀咕；有的是“任你千条计，我有老主意”“不管怎么改，我就这一套”；有的说“你的地盘大了，我的地盘小了”；有的在落实改革措施方面言行不一、表里不一，甚至搞变通、打折扣。凡此种种，根子就在于没有考虑国防和军队改革的大局，没有站到大局上思考问题、看待得失。正确的大局观是从坚强的党性中产生的，习近平指出，坚持党性原则是共产党人的根本政治品格。牢记住这一点，才能在这场大考中得到好成绩。

三

党的十八大以来，习近平对国防和军队改革创新高度重视，坚持把这项工作摆在党和国家工作全局的突出位置，放在实现全面建成小康社会奋斗目标、实现中华民族伟大复兴中国梦的战略高度来谋划和推进，在实践上迈出了一大步，取得了丰硕成果。

习近平亲任中央深化改革领导小组以及中央军委深化国防和军队改革领导小组组长，亲自决策把国防和军队改革作为单独一部分写进党的十八届三中全会《决定》，系统规划深化改革的总体布局，这在国防和军队建设顶层设计历史上还是第一次。习近平以国家战略视野一体推进国防和军队改革，对改革研究论证、方案拟制、任务部署等实施强有力的领导指导，既为深化国防和军队改革提供了有力支撑，又保证了国防和军队改革的正确方向。2015年底，中央军委召开改革工作会议，进一步明确了改革的目标任务和时间节点，科学回答了塑造什么样的军队、怎样塑造军队的重大问题，系统设计了建设强大人民军队的宏伟蓝图，极大地汇聚起改革强军的磅礴之力。

党的十八大以来，国防和军队改革创新最重要的成果，是习近平站在实现中华民族伟大复兴中国梦的战略高度，鲜明提出党在新形势下的强军目标——建设一支听党指挥、能打胜仗、作风优良的人民军队。这一目标，回答了为什么要强军、强军的目标是什么、怎样走中国特色强军之路的重大课题，是新的历史条件下我们党建军治军的总方略，为在新的起点上推进国防和军队建设提供了根本引领。

国防和军队的领导体制、组织架构改革取得了重大成果。党的十八届三中全会后，在党中央领导下，中央军委成立深化国防和军队改革领导小组和相关工作机构，经过深入调研论证，集中全军智慧，形成了深化国防和军队改革总体方案及相关实施方案。在不到两年的时间里，相继成立陆军领导机构、火箭军、战略支援部队，把军委部门由4个总部改为1厅、6部、3个委员会、5个直属机构共15个职能部门，把7大军区调整划设为东部、南部、西部、北部、中部5大战区，完成了海军、空军、火箭军、武警部队机关整编工作。通过这些大力度的改革，人民解放军突破了长期实行的总部体制、大军区体制、大陆军体制，建立了军委管总、战区主战、军种主建的新格局，解决了一些多年来想解决但一直没有很好解决的问题，解决了许多过去认为不可能解决的问题，实现了军队组织架构的一次历史性变革。

2015年9月3日，在纪念中国人民抗日战争暨世界反法西斯战争胜利70周年大会上，习近平宣布，中国将裁减军队员额30万。这是新中国成立以来中国人民解放军的第11次裁军。随着改革的深入推进，通过精兵简政、量体瘦身，精简机关和非战斗机构人员，使军队更加精干高效。通过调整改善军种比例，优化军种力量结构,根据不同方向安全需求和作战任务改革部队编成,推动部队编成向充实、合成、多能、灵活方向发展。推进以效能为核心的军事管理革命,树立现代管理理念,完善管理体系,优化管理流程,不断提高军队专业化、精细化、科学化管理水平。人民军队由数量规模型向质量效能型的转变又迈出了新的步伐。2016年12月,中央军委在北京召开军队规模结构和力量编成改革工作会议,习近平在会议上发表重要讲话强调,当前,世界新军事革命迅猛发展,战争形态加速向信息化战争演变,一体化联合作战成为基本作战形式。与之相适应,军队的规模结构和力量编成发生新的变化,科技因素影响越来越大,精干化、一体化、小型化、模块化、多能化等特征越来越突出。这是新形势下军队不可避免的重大变革,我们要认清推进军队规模结构和力量编成改革的重要性和必要性,抓住机遇、实现突破。要着眼于维护国家主权、安全、发展利益,有效应对各战略方向和重大安全领域现实威胁,按照调整优化结构、发展新型力量、理顺重大比例关系、压减数量规模的要求,推动我军由数量规模型向质量效能型、由人力密集型向科技密集型转变,部队编成向充实、合成、多能、灵活方向发展,构建能够打赢信息化战争、有效履行使命任务的中国特色现代军事力量体系。军队规模结构和力量编成改革是深化国防和军队改革的重要组成部分,是推进我军组织形态现代化、构建中国特色现代军事力量体系的关键一步,是实现党在新形势下的强军目标、建设世界一流军队必须迈过的一道关口。全军要站在实现中国梦强军梦的战略高度,抓住机遇,一鼓作气,乘势而上,深入实施改革强军战略,在中国特色强军之路上迈出新的更大步伐。

依法治军、从严治军成效显著,影响深远。十八大以来,以习近平同志为核心的党中央抓住治权这个关键,构建严密的权力运行制约和监督体系。按照决策、执行、监督既相互制约又相互协调的原则区分和配置权力,重点解决军队纪检、巡视、审计、司法监督独立性和权威性不够的问题,以编密扎紧制度的笼子,努力铲除腐败现象滋生蔓延的土壤。组建新的军委纪委,向军委机关部门和战区分别派驻纪检组,推动纪委双重领导体制落到实处。调整组建军委审计署,全部实行派驻审计。组建新的军委政法委，调整军事司法体制，按区域设置军事法院、军事检察院，确保它们依法独立公正行使职权。习近平从坚持人民军队根本性质和宗旨的高度，深刻指出作风问题决定着军队的发展方向，决定着军队的生死存亡，强调军队不能自毁长城，军中决不能有腐败分子藏身之地。对军队内部存在的腐败行为和不正之风，坚持无禁区、全覆盖、零容忍，以猛药去疴的决心、刮骨疗毒的勇气，查处了郭伯雄、徐才厚、田修思、谷俊山等腐败分子，赢得了全军将士的一致拥护。适应现代军队建设和作战要求，构建完善中国特色军事法治体系。十八大以来，相继出台了《军队党组织发展党员工作规定》《军队领导干部秘书管理规定》《作战部队指挥军官任职资格规定》《重大军事活动保密规定》等一系列法规制度，特别是《关于新形势下深入推进依法治军从严治军的决定》对有关重大问题提出明确要求，推动形成系统完备、严密高效的军事法规制度体系、军事法治实施体系、军事法治监督体系、军事法治保障体系，有力提升了国防和军队建设法治化水平。

政治工作创新发展不断拓宽新路子。习近平指出，当今世界，信息技术日新月异，我国经济社会深刻变革，思想文化更加多元多样多变，军队现代化建设加速推进。在这个大背景下，我们既要坚持政治工作根本原则和制度，又要积极推进政治工作思维理念、运行模式、指导方式、方法手段创新，提高政治工作信息化、法制化、科学化水平。在信息化条件下，过不了网络关，就过不了时代关。十八大以来，军队政治工作顺应信息化发展大势，研究和把握信息网络时代政治工作的特点和规律，用好网络信息平台，占领网络信息阵地，推动了政治工作传统优势与信息技术的融合，增强了政治工作的时代感和时效性。

军民深度融合发展。习近平在出席十二届全国人大三次会议解放军代表团全体会议时指出，把军民融合发展上升为国家战略，是我们长期探索经济建设和国防建设协调发展规律的重大成果，是从国家安全和发展战略全局出发做出的重大决策。实现富国与强军的统一，军民融合势在必行。他还提出，要把军队创新纳入国家创新体系，大力开展军民协同创新，探索建立有利于国防科技创新的体制机制，推进军民融合深度发展。2016 年 7 月 21 日，中共中央、国务院、中央军委印发了《关于经济建设和国防建设融合发展的意见》，提出了推进军工企业专业化重组、扩大引入社会资本、推进混合所有制改革、推进低空空域改革等八大举措，促进军民融合发展战略落地。与此同时，各相关部门纷纷出台产业政策，推动军民融合。国务院办公厅印发了《关于促进通用航空业发展的指导意见》，为商用航空等产业给予了诸多政策引导。这些重大举措，激活了军民融合的内在动力和创新活力，推动军民融合范围向全要素多领域拓展。高新技术产业引领时代发展潮流，是军民深度融合的重点，以载人航天工程、探月工程、北斗卫星导航系统、“天河二号”超级计算机系统等为代表的国家重大科技创新工程，很好地实现了军地资源共享。

国防和军队改革创新是一项长期的任务，未来依然任务艰巨繁重。习近平指出，2020 年前要在领导管理体制、联合作战指挥体制改革上取得突破性进展，在优化规模结构、完善政策制度、推动军民融合发展等方面改革上取得重要成果，努力构建能够打赢信息化战争、有效履行使命任务的中国特色现代军事力量体系，完善中国特色社会主义军事制度。要完成这个宏伟目标，需要有定力、有担当、有韧劲，进一步把准改革方向，坚持正确政治方向，坚持创新驱动，坚持体系设计，坚持法治思维，坚持积极稳妥，把国防和军队改革创新不断推向前进。

（原载于《党的文献》2017 年第 1 期）

十八大以来国防和军队法治建设思想探析*

习近平担任党的总书记和中央军委主席以来，高度重视加强中国特色社会主义法治建设，特别强调在党和国家依法治国方略指导下，全面推进国防和军队法治建设，提出了一系列重大创新性战略举措。习近平关于国防和军队法治建设重要论述是新时期党的依法治国、依法执政创新理论的重要组成部分，是习近平关于国防和军队建设重要论述的核心内涵和基本精髓。研究习近平关于国防和军队法治建设重要论述，对于深刻理解党的依法治国理论，加快提升国防和军队法治化水平，全面实现建设法治军队的目标都具有重要的意义。

一、国防和军队法治建设要着眼深度融合、一体推进、同步发展

"兵者，国之大事也"，国防和军队始终是紧密联系在一起的。我国几千年的历史充分表明国防和军队与国家的安危、民族的兴衰、人民的荣辱息息相关。加强国防和军队建设是国家和全民族的共同使命。然而长期以来，由于对现行制度、体制和学术认识上的缺陷，以及对宪法和法律相关规定的理解不够，很多人不同程度地将国防和军队建设相脱离，甚至认为国防仅仅是军队的事，无形中弱化了国防和军队在国家建设发展中的重要地位，降低了国家对国防和军队法治建设的领导作用，制约了国防和军队法治建设与国家法治建设的深度融合、同步发展，

---

* 本文作者：丛文胜（1953—），男，汉族，山东文登人，中国政法大学法学院教授、博士生导师。

也妨碍了国防和军队法治建设水平的快速提升。习近平总书记从国家战略的高度,从国防和军队的长远发展和法治建设需求出发,创新性地发展了国防和军队法治建设一体推进的重要论述。

(一)将国防和军队法治建设上升到党和国家发展战略的重要组成部分

习近平总书记指出:"国防和军队建设是我们全面改革的重要组成部分,也是我们全面深化改革的重要标志,必须纳入全面深化改革的总盘子。"①"我之所以希望在三中全会决定中把国防和军队改革单列一部分,主要考虑是纳入全面深化改革总体布局、上升为党的意志和国家行为后,可以更好地统一思想、凝聚共识、形成合力。"②"我们的国防是全民的国防,推进国防和军队建设改革是全党全国人民的共同事业",要"在更广范围、更高层次、更深程度上把军事创新体系纳入国家创新体系之中,实现两个体系相互兼容同步发展。"③在深化国防和军队改革过程中,要充分发挥宪法和法律赋予国家的相关职能,从解决制约国防和军队建设的突出矛盾和问题入手,解放思想,深化政策制度改革,实现中国特色国防和军队法治化建设全面快速发展。

党的十八届四中全会指出,"以全面深化改革推动各项工作,注重从思想上、制度上谋划涉及改革发展稳定、内政外交国防、治党治国治军的战略性、全局性、长远性问题"。习近平在《中共中央关于全面推进依法治国若干重大问题的决定》(以下简称《决定》)起草说明中明确指出:"全面推进依法治国涉及改革发展稳定、治党治国治军、内政外交国防等各个领域,必须立足全局和长远来统筹谋划,"④这种在依法治国的总体布局中将军队、国防分别与治党、治国和内政、外交

① 中国人民解放军总政治部:《习近平国防和军队建设重要论述选编》(二),解放军出版社2015年版,第17页。

② 中国人民解放军总政治部:《习近平国防和军队建设重要论述选编》(二),解放军出版社2015年版,第219页。

③ 中国人民解放军总政治部:《习近平国防和军队建设重要论述选编》(二),解放军出版社2015年版,第71页。

④ 习近平:《关于〈中共中央关于全面推进依法治国若干重大问题的决定〉的说明》,《人民日报》2014年10月29日。

三者并列的提法和表述是首次,充分体现和确立了国防和军队法治建设在推进国家法治建设中的地位作用。习近平还指出了国防和军队建设面临的时代特点和战略机遇期,“要把国防和军队建设推向前进,首先要正确把握国防和军队建设的历史方位和阶段性特点,”①充分认识“我国发展仍处于大有可为的重要战略机遇期,”②“全军要深刻认识军队在国家安全和发展战略全局中的重要地位和作用,”③“努力建设与我国国际地位相称、与国家安全和发展利益相适应的巩固国防和强大军队。”④“地方各级党委和政府在国防和军队建设中负有义不容辞的重要责任,都要以积极主动的精神支持军事创新,为推进国防和军队建设改革作出贡献。”⑤习近平总书记关于国防和军队一体发展的系列相关讲话,对于破除将国防和军队相脱节或将国防与国家政府相分割的观点,进一步强化国防和军队法治建设在国家法治建设中的地位和一体推进、协调发展具有重要指导意义。

(二)将全面提升国防和军队建设法治化水平纳入依法治军方略

党的十八届四中全会《决定》首次明确将“提高国防和军队建设法治化水平”纳入依法治军的总方略,这一具有里程碑意义的表述充分反映了党对国防和军队法治化建设必须同步发展的深刻认识。能否在党的中央全会决定中对依法治军单列提出明确要求、将国防法治建设与军队法治建设共同推进都存在着不同认识。习近平总书记指出:“在主持党的十八届四中全会决定起草时,我明确要求把依法治军、从严治军问题单列一块写进去,”⑥他进一步指出:“国防和军队改革作

① 《英明治军背后:习总回忆曾有老领导叮嘱注意三件事》,http://mil.news.sina.com.cn/2015-08-03/1009836301.html,2016年3月3日。

② 《十八大以来习近平同志关于经济工作的重要论述》,《瞭望》2014年2月22日。

③ 《奏响强军兴军的时代强音——以习近平同志为总书记的党中央推进国防和军队建设纪实》,http://news.xinhuanet.com/mil/2013-12/28/c_118744671.htm,2016年3月28日。

④ 《习近平在中央军委改革工作会议上强调全面实施改革强军战略坚定不移走中国特色强军之路》,《解放军报》2015年11月27日。

⑤ 《习近平:军队要有五种精气神》(2014年8月29日,在中共中央政治局第十七次集体学习时的讲话),http://www.china.com.cn/news/2016-03/20/content_38069027.htm。

⑥ 中国人民解放军总政治部:《习近平国防和军队建设重要论述选编》(二),解放军出版社2015年版,第157页。

为单独一部分写进全会决定,这在全会历史上是第一次,充分体现了党中央对深化国防和军队改革的高度重视。我们要充分认清深化国防和军队改革的重要性和紧迫性,准确把握改革的目标和任务,牢固树立进取意识、机遇意识、责任意识,勇于冲破思想观念的束缚、突破利益固化的藩篱,着力解决制约国防和军队建设发展的突出矛盾和问题,为实现强军目标提供强大动力和体制机制保证。"①"我们的国防是全民的国防,推进国防和军队建设改革是全党全国人民的共同事业。要调动全党全国力量,齐心协力做好工作。"还要"在更广范围、更高层次、更深程度上把军事创新体系纳入国家创新体系之中,实现两个体系相互兼容同步发展。"②

(三)必须建设与法治国家、法治政府、法治社会相适应的法治军队

依法治军、建设法治军队是国家和军队法治化水平的集中体现,是建设法治中国的重要组成部分和显著标志,是建设法治中国的重要任务和基础性工程,也是一项涉及国防和军队建设改革创新方方面面的系统工程,是提升现代国防和军队法治化水平的必由之路。如果说国家全面深化改革,加快实现中国梦的重要保障和主要标志是全面推进依法治国,建设法治中国,那么深化国防和军队改革,实现强军目标的根本保证和主要标志就是全面推进依法治军,建设与法治中国相适应的法治军队。习近平深刻指出:"一个现代化国家必然是法治国家,一支现代化军队必然是法治军队。深入推进依法治军、从严治军,是全面推进依法治国总体布局的重要组成部分,是实现强军目标的必然要求。"③依法治军、建设法治军队必须纳入依法治国的总体部署和规划,与依法治国和法治中国的建设进程同步发

① 《习近平谈国防和军队改革:这是一场回避不了的大考》,http://cpc.people.com.cn/xuexi/n/2015/0901/c385475-27536550.html,2016年3月1日。

② 《习近平:与时俱进大力推进军事创新——在政治局第十七次集体学习时强调军事创新要重点把握四个原则》,http://news.xinhuanet.com/mrdx/2014-08/31/c_133608811.htm。

③ 中共中央文献研究室:《习近平关于协调推进"四个全面"战略布局论述摘编》(四),http://theory.people.com.cn/n/2015/1112/c40531-27806556.html。

展。“军队越是现代化,越是信息化,越是要法治化。”①习近平总书记强调要“建设同我国国际地位相称、同国家安全和发展利益相适应的巩固国防和强大军队,为实现‘两个一百年’奋斗目标、实现中华民族伟大复兴的中国梦提供坚强力量保证。”②因此,在全面推进依法治国、建设法治中国的新时期,必须明确将依法治军的战略目标定位在努力建设一支与法治国家相匹配的现代法治军队上。换言之,建设法治国家、法治政府和法治社会必然要求建设一支法治军队,法治军队是建设法治国家、法治政府和法治社会的重要内容和必然要求。

二、国防和军队法治建设必须严格遵循宪法和法律

国防和军队建设必须始终严格遵循国家宪法和法律,这是由我国在党领导下的国防和人民军队的性质所决定的。过去一些军中蛀虫打着“坚持党的领导”和“军队特殊”等旗号,行规避宪法和法律约束之实,给国防和军队法治建设带来了极为严重的危害。如在国防和军队改革中,有的领导和部门仍然停留在过去,将国家法律置于脑后,以规章取代法律法规,以文件、通知形式违背法律的明文规定。习近平明确指出:“各级党组织必须坚持在宪法和法律范围内活动。各级领导干部要带头依法办事,带头遵守法律,对宪法和法律保持敬畏之心,牢固确立法律红线不能触碰、法律底线不能逾越的观念,不要去行使依法不该由自己行使的权力,也不要去干预依法自己不能干预的事情,更不能以言代法、以权压法、徇私枉法,做到法律面前不为私心所扰、不为人情所困、不为关系所累、不为利益所惑。不懂这个规矩,就不是合格的干部。”③

---

① 中国人民解放军总政治部:《习近平国防和军队建设重要论述选编》(二),解放军出版社2015年版,第160页。

② 《习近平在中央军委改革工作会议上强调全面实施改革强军战略坚定不移走中国特色强军之路》,《解放军报》2015年11月27日。

③ 《在十八届中央政治局第四次集体学习时的讲话》(2013年2月23日),http://www.people.com.cn。

(一)要在全军官兵中牢固树立法治信仰

习近平指出:“要继续加强教育和引导工作,使全军从全局和战略高度认识和把握深化国防和军队改革的重大意义和丰富内涵,把思想和行动统一到中央和军委的决策部署上来,形成深化国防和军队改革的强大合力。”①习近平强调:“深入推进依法治军、从严治军,首先要让法治精神、法治理念深入人心,使全军官兵信仰法治、坚守法治。没有这一条,依法治军、从严治军是难以推进的。”②要“在全军深入开展法治宣传教育,把法治教育训练纳入部队教育训练体系,把培育法治精神作为强军文化建设的重要内容,引导官兵把法治内化为政治信念和道德修养,外化为行为准则和自觉行动。”③

(二)国防和军队法治建设必须坚持党对军队的绝对领导

我国《宪法》确立了中国共产党的领导地位,这是历史形成的,是人民的选择。坚持党的领导是社会主义法治的根本要求,是中国特色国防和军事制度的最本质特征,是社会主义法治最根本的保证。坚持党对国防和军队法治建设的领导不仅根植于人民军队的历史渊源、光荣传统和人民的信任,更重要的是源于国家宪法和法律的规定。《宪法》规定了党对国家的领导原则,是党对国防和军队法治建设实施领导的最高法律依据。习近平明确指出:“我军是由中国共产党缔造的,是无产阶级新型的人民军队,是执行党的政治任务的武装集团,完全是为解放人民的,全心全意为人民服务的。”“我军是党缔造的,80 多年来我军之所以能不断从胜利走向胜利,最根本的就是靠党的坚强领导。保证党对军队的绝对领导,关系我军性质和宗旨、关系社会主义前途命运、关系党和国家长治久安,是我军的立军之本

① 《习近平主持中央军委深化国防和军队改革领导小组第一次全体会》,http://politics.people.com.cn/n/2014/0315/c70731-24644072.html。

② 中国人民解放军总政治部:《习近平国防和军队建设重要论述选编》(二),解放军出版社 2015 年版,第 158 页。

③ 中国人民解放军总政治部:《习近平国防和军队建设重要论述选编》(二),解放军出版社 2015 年版,第 159 页。

和建军之魂。”①习近平总书记还强调指出,党对军队的绝对领导有一系列根本原则和制度,无论战争形态怎么演变、军队建设内外环境怎么变化、军队组织形态怎么调整,都必须始终不渝坚持,要把这一根本制度作为最高的政治要求来遵守,作为最高的政治纪律来维护。“各级党委要把落实党对军队绝对领导的制度作为第一位责任,把党领导军队一系列制度贯彻到部队建设各领域和完成任务全过程,确保党指挥枪的原则落地生根。”②还要健全和完善党领导军事法治的各项制度,包括工作机制和程序,保证党的领导制度的全面落实。近年来,军队某些领导干部以坚持党的领导为名,行个人领导之实,拉帮结伙,排斥和架空党的领导,对党法党规选择性适用,以军队特殊为名再搞一套,导致党内法规制度不经其批准就不能在军队中贯彻和适用,他们置国家和军队根本利益于不顾,弄权压法,大肆谋取个人私利,不仅给国防和军队建设造成了极大危害,也败坏了党的形象,破坏了党法党规的权威性和严肃性。这些反面教训说明在坚持党对军队的绝对领导上,不能再热衷于做形式主义的表面文章,搞好看不中用的花拳绣腿,不能再出现以军队特殊为名选择性执行党法党规的情况,必须排除各种公开与隐蔽的干扰和破坏,对于哪些党法党规应在军队建设领域适用及执行必须由中央做出决定,必要时由中央主导制定在国防和军队建设领域的实施细则,将党的领导原则真正落到实处。

(三)加大法律法规监督规范的力度

国家法律法规包括军事法规中的纪律规范是国防和军队法治建设的基本依据。习近平总书记高度重视国防和军队建设中的严格执法和纪律建设,提出要夯实依法治军、从严治军这个强军之基,坚持以纪律建设为核心,下大气力整肃军纪,培养官兵自觉而又严格的组织纪律观念,坚决克服管理松懈、作风松散、纪律松弛现象。加强军事法制建设,提高法规制度执行力,坚决克服有法不依、执法不

① 《习近平:党对军队的绝对领导是不能丢的军魂》,http://news.sina.com.cn/c/sz/2016-01-13/doc-ifxnqrkc6357754.shtml。

② 《习近平在古田出席全军政治工作会议并发表重要讲话强调发挥政治工作对强军兴军的生命线作用,为实现党在新形势下的强军目标而奋斗》,《解放军报》2014年11月2日。

严、违法不究现象。① 他指出,依法治军、建设法治军队必须从法规制度上有效地强化和保证官兵的民主监督权,加大对各级行政权力的监督和制约,"要着力增强法规制度执行力,狠抓条令条例和规章制度落实,坚决杜绝有法不依、执法不严、违法不究的现象。"②"要把纪律建设作为核心内容,强化官兵号令意识,培养部队严守纪律、令行禁止、步调一致的良好作风。"③同时,强化监督还要充分依靠和发挥法治的重要作用,强化监督机制,习近平提出,"要以深化改革推进党风廉政建设和反腐败斗争,改革党的纪律检查体制,完善反腐败体制机制,增强权力制约和监督效果,保证各级纪委监督权的相对独立性和权威性。要强化制约,科学配置权力,形成科学的权力结构和运行机制",特别"要完善执法制度,健全执法监督机制,严格责任追究,违法者要军法从事、法律法规的红线不能逾越,这一条必须在全军牢固树立起来。"④

国防和军队法治建设必须强化纪律监督。习近平多次强调要把党纪军纪作为刚性标准,保持正风肃纪的高压态势,对任何违反纪律特别是政治纪律、组织纪律、财经纪律的行为都要严肃处理,特别要扎紧制度的"笼子",防止党的纪律成为稻草人、纸老虎,有力维护了党纪军纪的严肃性。面对国防和军队建设一些领域反腐败斗争形势仍然复杂严峻,深层次问题还没有完全破解,病原体并没有根除的现实,习近平总书记特别强调,要"严肃各项纪律,确保政令军令畅通,"⑤真正做到党纪面前人人平等,执行纪律没有例外,防止和克服惩治不力、亲疏有别、宽严失度等错误倾向,使心存歪念者不敢越雷池一步,确保党和军队的纪律刚性

---

① 《习近平谈国防和军队建设:扭住能打仗、打胜仗这个强军之要》,《人民日报》2014 年 7 月 14 日。

② 《习近平:军队改革面临机会窗口是回避不了的大考》,http://cpc.people.com.cn/xuexi/n/2015/0901/c385475-27536550.html。

③ 《习近平:军队改革面临机会窗口是回避不了的大考(1)》,http://cpc.people.com.cn/xuexi/n/2015/0901/c385475-27536550.html。

④ 中国人民解放军总政治部:《习近平国防和军队建设重要论述选编》(二),解放军出版社 2015 年版,第 161 页。

⑤ 《习近平在酒泉兰州等地看望部队官兵时强调不断提高履行使命任务能力》,《人民日报海外版》2013 年 2 月 7 日。

运行。

三、国防和军队法治建设要全面增强国防实力、加快提高军队战斗力

国防和军队法治建设必须以增强国防实力和军队战斗力为目标。实现国防和军队建设法治化的根本路径是依法治军、从严治军。习近平同志高度重视依法治军、从严治军在建设和实现法治军队中的重要作用,并就国防和军队法治建设做出一系列重要论述,是新形势下加强国防和军队法治建设的科学指南和根本遵循。党的十八届四中全会《决定》把依法治军、从严治军上升为党的意志,把党关于国防和军队建设的主张和治军成功经验从制度上、法律上确定下来,纳入法治中国建设总体布局,国防和军队法治建设按下“快进键”,进入“快车道”。

(一)完善法规制度,保证国防和军队法治建设在法治轨道运行

习近平总书记指出:“深入推进依法治军、从严治军,要求我们的治军方式发生一场深刻变革。各级要严格按照法定职责权限抓好工作、努力实现三个根本性转变,即从单纯依靠习惯和经验开展工作的方式向依靠法规和制度开展工作的根本性转变,从突击式、运动式抓工作的方式向按条令条例办事的根本性转变,在全军形成党委依法决策、机关依法指导、部队依法行动、官兵依法履职的良好局面。”①习近平同志深刻阐明了全面建设法治国家的新时期对治军方式的时代要求,明确提出了深入推进国防和军队法治建设的重要着力点,为全面推动国防和军队法治建设的深刻变革指明了方向。特别要坚持依法和从严相统一,用强军目标审视和引领军事立法,构建完善的中国特色军事法治体系,提高国防和军队建设法治化水平。他指出“我们要完善立法规划,突出立法重点,坚持立改废并举,提高立法科学化、民主化水平,提高法律的针对性、及时性、系统性。”②“要围绕构建系统完善、严密高效的军事法规制度体系,军事法治实施体系、军事法治监督体

---

① 《从十五句话领略习近平治军智慧》,http://news.xinhuanet.com/politics/2015-07/31/c_128080701.htm。

② 《习近平论立法质量:不是什么法都能治好国》,http://cpc.people.com.cn/xuexi/n/2015/0512/c385474-26985149.html。

系、军事法治保障体系,拿出实实在在的举措。”①军事人力资源政策制度是军队政策制度改革的关键环节,关系广大官兵切身利益,“要着眼建立中国特色军官职业化制度,抓住军官服役、分类管理、任职资格制度等关键性问题,科学设置各类人才成长路径,努力在重要领域和关键环节实现突破。要加强法规制度建设,使干部工作和干部队伍建设进一步走上规范化、法制化轨道。”②还要根据形势和任务的发展变化对现有法规制度进行清理,包括抓紧修订军官法、基层建设纲要、军队党委工作条例、政治工作条例等法律法规。在习近平依法治军、从严治军重要论述的指引下,我国的国防和军队建设正在依法治军、从严治军的新起点上迈出坚实的历史性步伐。

(二)树立战斗力唯一标准

军队战斗力是国防实力的核心和坚实基础。军队的根本职能是能打仗,打胜仗。战斗力是古往今来任何一支军队的立身之本。依法治军、建设法治军队的重要目标和根本标准是提高战斗力。习近平同志紧紧抓住了发挥人民军队职能作用的核心功能,坚持把国防和军队法治建设落实到全面提高部队战斗力上,明确提出要“牢固树立战斗力这个唯一的根本的标准,”③要求“军队党的建设必须紧紧围绕能打仗、打胜仗来展开,成为部队战斗力的增强剂和功放器。要强化战斗队思想,把战斗力标准贯彻到军队党的建设各个方面。”④习近平总书记强调,“要抓住制约战斗力建设的重难点问题,在领导指挥体制、力量结构、政策制度等方面的改革上狠下功夫,以重点突破带动整体推进,为改革调研树立起鲜明的问题导

① 乙晓光:《努力建设听党指挥善谋打仗的新型司令机关——深入学习贯彻习近平主席在全军参谋长会议上重要讲话精神》,《求是》2015 年第 14 期。

② 《习近平:构建中国特色现代军事力量体系》,http://military. people. com. cn/n/2014/0818/c1011 - 25483787. html。

③ 《习近平总书记系列重要讲话读本》,《人民日报》2014 年 7 月 14 日。

④ 《习近平谈国防和军队建设:改革是决定军队未来》,http://fj. people. com. cn/n/2015/1128/c350390 - 27199837 - 2. html。

向。"①他明确要求"下决心解决训风演风考风不实问题,不能让战备训练成为花架子,不能让军事斗争准备流于形式,不能让能打仗、打胜仗成为一句空话,"②要不断培育战斗力新的增长点,提高创新对战斗力增长的贡献率,有效履行宪法法律和人民赋予人民军队的重要使命任务。

(三)坚决反腐败,奠定国防和军队法治建设的坚实根基

国防和军队建设中的各类消极腐败现象严重影响、制约军队战斗力增长,是阻碍、破坏国防和军队建设法治化的最大毒瘤。在国防和军队法治建设中必须把遏制和反对腐败作为重点任务,为国家国防实力增长和军队战斗力生成提供健康的有利环境和发展空间。习近平总书记在党的十八届四中全会第二次全体会议上强调,反腐零容忍,不定指标、上不封顶。③"坚决反对腐败,防止党在长期执政条件下腐化变质,是我们必须抓好的重大政治任务。反腐败高压态势必须继续保持,坚持以零容忍态度惩治腐败。对腐败分子,发现一个就要坚决查处一个。要抓早抓小,有病就马上治,发现问题就及时处理,不能养痈遗患。要让每一个干部牢记'手莫伸,伸手必被捉'的道理。"④针对党内军内出现的严重腐败现象,习近平总书记指出:"选人用人不当是贪腐源头之一,选错一人,为害一方。必须严明组织纪律,严肃查处用人上的不正之风和腐败问题。"⑤

习近平总书记还深刻总结了历史上的教训,历史上多少战功卓著的军队最后都是被腐败搞垮的。"要坚持有腐必反、有贪必肃,反腐没有禁区,执法没有特例。"⑥告诫我们虽然军队是党绝对领导下的国家武装力量,但在反腐上绝对不能

---

① 《军改方案出台过程公布:习近平三开军委改革会议》,http://news.sina.com.cn/c/sd/2015-12-31/doc-ifxneept3434172.shtml。

② 《习近平谈国防军队建设:扭住能打仗、打胜仗强军之要》,《人民日报》2014年7月14日。

③ 《习近平:反腐零容忍要追责腐败重灾区主要负责人》,http://legal.people.com.cn/n/2015/0112/c188502-26366025.html。

④ 《习近平:使纪律真正成为带电的高压线》,http://news.xinhuanet.com/politics/2014-01/14/c_118967450.htm。

⑤ 《习近平:选人用人不当是贪腐源头之一选错一人为害一方》,http://politics.people.com.cn/n/2015/0116/c1024-26399376.html,2016年3月16日。

⑥ 李少:《军队反腐没有禁区》,《解放军报》2014年12月23日。

有特殊,绝不允许"有铁帽子王",更不能成为"真空地带",要坚决破除"军队特殊论","军队是拿枪杆子的,军中绝不能有腐败分子藏身之地。出了腐败分子,不仅严重损害人民军队形象,也会给部队士气造成严重伤害。"①因此,对腐败问题要"保持高压态势不放松,查处腐败问题,必须坚持零容忍的态度不变、猛药去疴的决心不减、刮骨疗毒的勇气不泄、严厉惩处的尺度不松,"②绝不让腐败分子在军队有藏身之地。习近平总书记强调:"军委的同志要旗帜鲜明反对腐败,带头遵守廉洁自律各项规定,带头遵守中央关于领导干部工作和生活待遇等方面的规定。"③特别是对投机取巧、徇私枉法、违法乱纪的,"决不能让那些法治意识不强、无法无天的人一步步升上来,这种人官当得越大,对党和国家危害就越大。"④在依法治军、建设法治军队必须大力推进国防和军队建设领域反腐败思想的指导下,军队反腐败斗争取得了重要成果,一批军中"老虎"现形,赢得了党心、民心和军心。

(原载于《法学杂志》2016 年第 5 期)

---

① 《英明治军背后:习总回忆曾有老领导叮嘱注意三件事》,http://mil. news. sina. com. cn/2015 - 08 - 03/1009836301. html,2016 年 3 月 3 日。

② 《习近平就 2015 年反腐工作提 4 点要求保持高压态势》,http://www. chinanews. com/gn/2015/01 - 13/6965002. shtml,2016 年 3 月 13 日。

③ 中央纪律检查委员会、中共中央文献研究室:《习近平关于党风廉政建设和反腐败斗争论述摘编》,中央文献出版社、中国方正出版社 2015 年版,第 93 页。

④ 《习近平:任何人都不得违背党中央的大政方针搞"独立王国"》,http://news. xinhuanet. com/politics/2016 - 02/01/c_128689236. htm,2016 年 3 月 19 日。

十八大以来国防和军队建设思想的特色*

——学习习近平总书记系列重要讲话体会之五十七

党的十八大以来，军委习近平主席在领导党和国家事业继往开来的伟大实践中，对国防和军队建设亲抓实抓、运筹帷幄。在实践中，习近平对国防和军队建设做出了一系列重要论述，指引我军开启了强军新征程。在习近平国防和军队的伟大实践和一系列重要论述中，不难发现其中深刻的思想内涵和鲜明特色。

国防和军队建设的脉络

习近平高度重视国防和军队建设，一方面宣示我国军事战略，一方面勉励官兵献身国防，足迹遍及解放军陆、海、空、二炮各个军兵种，考察慰问武警和民兵，治军魄力凸显，正凝聚成国防和军队跨越式发展的强大动力。

明确提出党在新形势下的强军目标。2013 年 3 月 11 日，习近平在出席十二届全国人大一次会议解放军代表团全体会议时明确指出，建设一支听党指挥、能打胜仗、作风优良的人民军队，是党在新形势下的强军目标。此后，又多次强调要紧紧围绕这一强军目标，全面加强部队革命化现代化正规化建设，实现了党的军事指导理论的与时俱进，为新形势下加强国防和军队建设提供了根本遵循，指明了前进方向。中国特色强军兴军之路铺展开一幅波澜壮阔的时代画卷。

---

* 本文作者：高东广，解放军后勤学院学术部研究员；李大光，国防大学军事后勤与军事科技装备教研部教授。

以战斗力为唯一的根本标准提高军队实战能力。2013年"八一"前夕,习近平视察北京军区部队时,号召全军官兵要始终坚持战斗力这个唯一的根本的标准,深入开展我军根本职能教育,真正使战斗队意识在官兵头脑中深深扎根。坚决贯彻战训一致原则,切实端正训风、演风、考风。2013年7月8日,在中央军委专题民主生活会上,习近平再次强调,提高我军实战化水平,是必须紧紧抓住的一个重大问题,军事、政治、后勤、装备等各方面工作,最终都要有利于提高部队打仗能力。全部心思向打仗聚焦,各项工作向打仗用劲。国家和军队相继出台一系列重大政策、制度,统筹经济建设与国防建设。

针对问题狠抓从严治军。新一届中央军委组成伊始就出台《中央军委加强自身作风建设十项规定》,禁酒反奢"十项规定"、军车换新牌弃豪车、全军内部清查房地产等规定和措施,无不显示出中央军委"从严治军"的坚强决心。军委领导立说立行,以身作则,为全军作风建设发挥了示范引领作用。中央军委在军队建立巡视制度,设置巡视机构,开展巡视工作。

心系基层广泛视察全军部队。基层是部队全部工作和战斗力的基础,习近平对基层建设十分关心,多次要求各级把工作重心放在基层,研究解决基层建设中的突出矛盾和问题,推动基层建设全面进步。

坚定不移扎实推进国防和军队建设改革。党的十八届三中全会通过的《中共中央关于全面深化改革若干重大问题的决定》,把国防和军队改革纳入国家改革全局,作为一个重要部分进行部署,展示了以习近平同志为总书记的党中央建设巩固国防和强大军队的决心意志。军委、总部迅即对贯彻落实全会精神做出部署,全军各级广泛开展宣讲活动,引导官兵为实现强军目标、推动军队建设和改革贡献智慧。军官职业化是军队的组织结构和装备技术达到一定的现代化水平的职业要求,"军官职业化制度"的提出,将进一步提高军官素质、优化结构。近年来,中国军队探索尝试多次联合作战演练,"健全战区联合作战指挥机制"将加强指挥决策的统一性、协调性与高效性。

国防和军队建设的思想内涵

第一,坚持用强军目标统领国防和军队建设,努力建设巩固国防和强大军队。习近平对国防和军队建设高度重视,对军队工作亲抓实抓,发表一系列重要讲话,提出一系列重大方针原则,做出一系列重大决策部署,指挥了一系列重大军事行动,特别是高屋建瓴地提出新形势下建设一支听党指挥、能打胜仗、作风优良的强军目标。这一强军目标,规定了军队建设的基本任务,拎起了军队建设的总纲,为国防和军队建设注入了新的时代内涵。这是以习近平为总书记的党中央审时度势,在实现中华民族伟大复兴的征程上,总结我们党建军治军成功经验,考量国际战略形势和国家安全环境发展变化,着眼于解决军队建设面临的突出矛盾和问题而提出的。这一强军目标,回答了为什么要强军、强军目标是什么、怎样走中国特色强军之路的重大课题,是党的军事指导理论创新的重要成果,是新形势下我们党建军治军的总方略。

第二,努力推进经济建设和国防建设协调发展,自觉将国防和军队建设融入经济社会发展体系。统筹经济建设和国防建设,是正确处理经济建设和国防建设关系的基本要求和根本方法。近年来,随着科技革命和新军事变革的加快发展,国防经济与社会经济、军用技术与民用技术、军队建设与社会发展的结合面越来越广、融合度越来越深,世界发达国家根据政治形态、经济体制、安全形势和地缘战略特点要求,采取了各具特色的军民统筹发展模式。因此,习近平特别强调指出,经济建设和国防建设的关系是社会主义现代化建设必须正确认识和处理的重大问题、重大课题,要把走军民融合式发展路子作为重要途径,把军政、军民团结作为重要政治保障,统筹经济建设和国防建设,推动军民融合深度发展,努力实现富国和强军的统一。习近平指出,军队要遵循国防经济规律和信息化条件下战斗力建设规律,自觉将国防和军队建设融入经济社会发展体系。习近平的指示要求是对党的历代中央领导集体重要战略思想的继承和发展,是对党处理经济建设和国防建设关系历史经验的总结和运用,为新形势下统筹经济建设和国防建设指明了前进方向。

第三,强基固本牢记强军之魂,创新发展坚持强军之要,管理教育坚持强军之基。坚持用强军目标统领国防和军队建设,铸牢听党指挥这个强军之魂,扭住能打仗、打胜仗这个强军之要,夯实依法治军、从严治军这个强军之基,我军才能有效履行使命任务,在世界军事竞争中赢得战略主动。习近平谆谆告诫全军,要确保部队绝对忠诚、绝对纯洁、绝对可靠,永葆人民军队的性质和本色。"三个绝对"深刻揭示了铸牢军魂的本质内涵和时代要求,为我军坚决听党指挥明确了根本遵循。习近平强调能打仗、打胜仗,目的在于要求军队时刻牢记革命军人的神圣职责,爱军精武,英勇善战,为维护国家发展利益和社会大局稳定提供有力保证。习近平强调依法治军、从严治军,其要义在于加强纪律性,革命无不胜。要求全军部队必须以踏石留印、抓铁有痕的狠劲,滴水穿石、铁杵磨针的韧劲,逢山开路、遇水架桥的闯劲,扎实有效地抓好军队作风建设。

第四,深化国防和军队改革,做好军民深度融合这篇大文章。军民融合是一项国家战略,既是兴国之举,又是强军之策。习近平关于军民融合深度发展的重要论述,科学回答了兴国与强军的路径问题。他指出,实现中华民族伟大复兴是我们的强国梦,没有一支强大的军队,没有一个巩固的国防,强国梦难以实现。历史表明,军民融合既可兴国、又可强军。习近平深刻指出,我国社会主义制度能够集中力量办大事是我们成就事业的重要法宝。推动国防建设与经济建设,集中力量办大事就能集智攻关、超越发展,确保谋有方向、建有规划。习近平指出,推进军民融合深度发展,有利于促进经济发展方式转变和经济结构调整,有利于增强国家战争潜力和国防实力。两个有利于,描绘了军民融合的广阔前景。我国正处在经济大发展、科技大创新的时代,军民一体化趋势明显,特别是地方在人才、技术、装备、设施等诸多领域,具有领先优势;实施民转军战略,既能迅速提高国防现代化水平,又能给经济发展注入新的生机和活力。进入信息化时代,我们更有理由坚信,军民融合得越广越深,资源配置就越优化,技术运用就越充分,中国梦强军梦进程就越快。

国防和军队建设的鲜明特色

党的十八大以来，习近平着眼坚持和发展中国特色社会主义、实现中华民族伟大复兴中国梦，对加强国防和军队建设做出一系列重要论述，立意高远、思想深邃，丰富发展了党的军事指导理论，为在新的历史起点上加快推进国防和军队现代化提供了根本遵循。

第一，以强军目标开辟了党的军事指导理论新境界。实现中华民族伟大复兴，必须坚持富国和强军相统一，努力建设巩固国防和强大军队。党的十八大以来，面对国际战略格局和国家安全形势的深刻变化，如何建设一支与我国国际地位相称、与国家安全和发展利益相适应的巩固国防和强大军队，是党中央、中央军委和习近平主席始终高度关注的重大战略问题。建设一支听党指挥、能打胜仗、作风优良的人民军队——这言简意赅的 21 个字，蕴含着对实现中国梦强军梦的深邃战略思考，确立了军队建设做的起点和标准，明确了军队各项工作的聚焦点着力点，拎起了国防和军队建设的总纲。习近平同志接过历史的接力棒，以纵览风云的时代眼光、强军兴邦的历史担当、锐意改革的创新精神，对国防和军队建设做出深邃思考和战略筹划，形成具有鲜明时代性实践性创新性的军事思想，开辟了当代中国军事发展的新境界。

第二，以强军兴军理论引领国防和军队建设新实践。习近平关于国防和军队建设重要论述，是当代中国马克思主义军事理论，深刻回答了在我国由大向强、走向世界舞台中心的进程中，怎样建设军队，怎样打仗的根本问题。当前，党和国家事业发展站在新的历史起点上。习近平强调国防建设是我国现代化建设的战略任务，并围绕实现中华民族伟大复兴中国梦，提出了建设一支听党指挥、能打胜仗、作风优良的人民军队这一党在新形势下的强军目标。着眼实现强军目标，习近平强调要铸牢听党指挥这一强军之魂，扭住能打仗、打胜仗这一强军之要，夯实依法治军、从严治军这一强军之基，并从国家战略层面做出一系列重要部署。

第三，以强军梦凝聚起国防和军队建设的磅礴力量。实现中国梦是共产党人的庄严使命,以强军梦支撑中国梦需要强军理论指引。实现中华民族伟大复兴的中国梦,承载着一个在近代史上饱受屈辱的古老民族的百年夙愿,是当代中国共产党人的历史担当和不懈追求。中国梦的实现不是一帆风顺的,必将面对各种阻力、挑战和风险,注定要进行具有许多新的历史特点的伟大斗争。作为党绝对领导下的人民军队,我军肩负着实现强军梦,为中国梦提供坚强力量保证的重大责任。习近平把国防和军队建设放在实现民族复兴的大目标下来考量,放在世界前所未有的大变局中来运筹,放在中国特色社会主义事业发展总体布局中来把握,提出一系列富有创见的重大思想理论观点和决策部署,凝聚起国防和军队建设的磅礴力量,推进了军民深度融合发展,使国防和军队建设与国家建设形成一盘棋,形成军队和地方共建国防的新力量。

第四,以时代的精神旗帜汇聚强军兴军的意志力量。思想强才是内在的强,精神强才是真正的强。一个国家、一个民族、一支军队,没有精神旗帜就会思想混乱、一盘散沙。习近平关于国防和军队建设的伟大实践和一系列重要论述,既高扬共产主义远大理想,又擘画中国梦强军梦宏伟蓝图,把国家梦民族梦与个人梦统一起来,熔铸起全军官兵团结奋斗的信念根基和思想基础;大力倡导培塑社会主义核心价值观和当代革命军人核心价值观,传承弘扬中华优秀传统文化和我党我军光荣传统,构筑起当代革命军人的价值坐标和精神家园;饱含当代共产党人和中国军人的道路自信、理论自信、制度自信,立起了与西方意识形态较量的主心骨和定海神针,给人以强大信念和内在定力。

最后,以改革创新精神开拓国防军队建设新局面。要实现中华民族伟大复兴,必须坚持富国和强军相统一,努力建设巩固国防和强大军队。面对新的形势任务,习近平强调,以改革创新精神开拓国防和军队建设新局面,必须以只争朝夕的精神推进国防和军队现代化;必须抓住战略契机深化国防和军队改革,解决制约国防和军队建设的体制性障碍、结构性矛盾、政策性问题,深入推进军队组织形态现代化;必须同心协力做好军民融合深度发展这篇大文章,既要发挥国家主导作用,又要发挥市场的作用,努力形成全要素、多领域、高效益的军民融合深度发展格局。

习近平作为中国人民解放军最高统率,在国防和军队建设的伟大实践中亲力亲为,赢得全军官兵的高度信赖。我们要把学习贯彻习近平关于国防和军队建设重要论述作为重大政治任务,坚持学用结合、知行统一,真信真学真转化真运用,凝聚起同心共筑强军梦的意志力量,奋力书写强军兴军的壮美篇章。

（原载于《前线》2014 年第 10 期）

自觉担当起维护国家主权、安全、发展利益的重大责任*

——学习习近平关于国防和军队建设重要论述的体会

习近平关于国防和军队建设重要论述,集中体现了习近平关于国防和军队建设的一系列新思想新观点新论断,是对毛泽东军事思想、邓小平新时期军队建设思想、江泽民国防和军队建设、胡锦涛国防和军队建设思想的继承和发展,是党的军事指导理论创新成果,是新形势下加快推进国防和军队现代化的科学指南。军队要自觉担当起维护国家主权、安全、发展利益的重大责任,是习近平关于国防和军队建设重要论述的重要内容,深入学习领会习近平关于军队要自觉担当起维护国家主权、安全、发展利益的重大责任的重要论述,有助于我们深刻领会这一论述的精神实质,有助于深刻认识我国主权、安全和发展利益面临的新形势新挑战,有助于深刻认识军队在国家安全和发展战略全局中的重要地位和作用,有助于更加自觉地以习近平关于国防和军队建设重要论述为指导,更好地维护国家的主权、安全和发展利益。

一、充分认识我国安全和发展面临的新形势新挑战

维护国家主权、安全、发展利益,必须首先对国际战略形势和国家安全环境做

---

* 本文作者:赵耀辉,南京政治学院军事思想与军事历史系教授、博士生导师。

出清醒认识和准确判断。

（一）对重要战略机遇期在国际环境方面的内涵和条件的重新认识，是判断国际战略形势和国家安全环境的重要内容

党的十八大报告在描绘全面建成小康社会和全面深化改革开放的目标时指出："综观国际国内大势，我国发展仍处于可以大有作为的重要战略机遇期。我们要准确判断重要战略机遇期内涵和条件的变化，全面把握机遇，沉着应对挑战，赢得主动，赢得优势，赢得未来，确保到二〇二〇年实现全面建成小康社会宏伟目标。"①2012 年 12 月 15 日至 16 日，习近平出席中央经济工作会议并发表重要讲话。会议依据习近平的相关思想强调："从国际环境看，我国发展仍处于重要战略机遇期的基本判断没有变。同时，我国发展的重要战略机遇期在国际环境方面的内涵和条件发生很大变化。"②关于重要战略机遇期在国际环境方面的内涵和条件正在发生重大变化，这是党中央、中央军委综合分析国内外形势发展，做出的一个新的重要战略判断，习近平对此问题也多次强调过。我国发展的重要战略机遇期在国际环境方面的内涵和条件发生的新变化，在政治、经济、外交、军事、科技、文化等诸领域都有不同程度的体现，其中，一个突出的方面，就是国际和周边安全环境更趋复杂，维护国家主权、安全和发展利益面临一些值得高度关注和认真对待的新情况、新问题。因此，习近平在十二届全国人大一次会议解放军代表团全体会议上的讲话中要求："全军一定要充分认识我国安全和发展面临的新形势新挑战，充分认识国防和军队建设的重要地位和作用，自觉担当起维护国家主权、安全、发展利益的重大责任"。

（二）我国的主权、安全和发展利益面临新形势新挑战

第一，国际体系进入加速演变和深度调整时期。国际金融危机触发了国际体系的持续裂变。国际金融危机发生 6 年来，对世界经济格局以及政治、安全形势

① 胡锦涛：《坚定不移沿着中国特色社会主义道路前进为全面建成小康社会而奋斗——在中国共产党第十八次全国代表大会上的报告》，人民出版社 2012 年版，第 16－17 页。

② 《中央经济工作会议在北京举行》，《解放军报》2012 年 12 月 17 日。

产生了深刻影响。一方面,美国、欧盟等陷入重重危机、捉襟见肘。由于经济不景气,2008 年 10 月冰岛宣布国家破产,美国政府在 2013 年 10 月一度被迫关门,国际金融危机的影响至今仍在延续。另一方面,新兴市场国家和发展中大国群体性崛起,对西方在国际格局中的地位产生重大冲击,局部地区局势动荡,非国家行为体大量涌现,并日益成为国际舞台上的重要力量。在这个大变局下,国际体系进入深度调整时期,各种国际力量加快分化组合,大国关系进入全方位角力新阶段,围绕权力和利益再分配的斗争十分激烈,局部动荡和武装冲突频繁发生,世界依然面临着现实和潜在的战争威胁。随着我国国家利益快速向海外扩展和延伸,我国安全和发展,已经同外部世界更加紧密地联系在一起,国际和地区局势动荡、恐怖主义、海盗活动、重大自然灾害等已经对我国安全和发展构成了威胁,国际市场、海外能源资源和战略通道安全,以及我国的海外机构、人员和资产安全等海外利益安全问题凸显,我国安全和发展的国际环境更加复杂。

第二,我国周边特别是海上方向安全面临的现实威胁呈上升趋势。一是美国推行亚太"再平衡"战略,增大了我国巩固周边战略依托的难度。美国推行亚太"再平衡"战略,被视为是对美国重返亚太政策的进一步充实和军事体现。在 2012 年 6 月 3 日的香格里拉对话会上,时任美国防长的帕内塔宣布,为实施美国的亚太"再平衡"战略,美国将在 2020 年前向亚太地区转移一批海军战舰,届时将 60% 的美国战舰部署在太平洋。2013 年 6 月 2 日,美国防长哈格尔在香格里拉对话会上又高调宣布:"除了上次说的 60% 海军力量将在 2020 年前部署至亚太地区,空军力量的 60% 也要部署在这里"。这就是人们经常提到的"两个 60%"。尽管美国一直说,他的这个"再平衡"战略不针对中国,但两个 60% 的海空力量放在亚太,剑指何方? 答案显然是不言自明的。此外,美国的这个"再平衡"战略,客观上也起到了为其军事盟国(如日本等国)壮胆和撑腰打气的作用,并在必要时联手与我对抗,事实上增大了我国巩固周边战略依托的难度。二是朝鲜半岛和东北亚地区局势充满变数。由于历史和现实的原因,朝鲜半岛和东北亚形势日趋复杂,不确定性、不稳定性增大。对于朝鲜半岛问题,我国政府的立场是明确的和一贯的。2013 年 4 月 6 日，外交部部长王毅在与联合国秘书长潘基文通电话时指出："朝鲜半岛是中国近邻。我们反对任何一方在这一地区的挑衅言行，不允许在中国的家门口生事"①。2014 年 2 月 17 日至 20 日，外交部副部长刘振民访问朝鲜，他强调："中方坚持实现半岛无核化目标、维护半岛和平稳定、通过对话协商解决问题，决不允许半岛生战生乱"②。自 2012 年 4 月起，日本政府变本加厉，公然提出所谓的钓鱼岛"国有化"问题，严重伤害了中国人民的民族感情，危害了中日关系大局，侵害了我国领土主权。三是中亚地区"三股势力"活动猖獗。国际恐怖主义、分裂主义、极端主义活动猖獗，并正在传导至国内，给我国西北边境地区乃至内陆地区安全稳定带来不利影响。四是我国海上安全环境更趋复杂。我国是世界上尚未实现完全统一的大国，也是同周边多国存在领土主权和海洋权益争端的大国，海洋方向已集主权、安全和发展问题于一体，其安全问题更为复杂。

第三，世界新军事革命正在加速发展。发轫于 20 世纪 70 年代的世界新军事革命仍在加速推进。一是军事技术正在加速发展。军事高技术不断创新，太空和网络攻防技术成为军事竞争新的制高点，纳米技术、材料技术、临近空间技术、高超声速技术等高技术不断取得突破，新概念武器向实战化方向发展，武器装备信息化、远程化、精确化、智能化、隐身化、无人化趋势更加明显。二是战争形态正在加速演变。技术革命不断引发其他领域的革命。随着科技革命的兴起，产业革命、军事革命蓬勃发展，现代战争呈现出技术形态信息化、组织形态体系化、作战形式多样化等鲜明特征，战场"多维一体"，信息能力成为主导性能力，一体化联合作战成为基本作战形式，打击方式更加注重立体、远程、快速、精确和非线性，战争已经进入发现即摧毁的"秒杀"时代。三是世界主要国家国防和军队的改革正在加速推进。当前，世界主要大国继续深化军队改革，确立军队建设目标，完善军事战略，培养新型人才，推进军事转型，调整体制编制，发展军事装备，重塑军事体

---

① 《王毅同潘基文通电话》，《人民日报》2013 年 04 月 07 日。

② 《中方将不断为维护半岛和平稳定作出积极努力，日本政要荒谬言论表明他们无意反省侵略历史》，《解放军报》2014 年 02 月 21 日。

系,竭力抢占未来军事竞争的制高点。如美军正在致力于推进其军队的“二次转型”,俄军围绕职业化、常备化、精干化的军队建设目标,大力推进其军队的“新面貌”军事改革,日本正在由“基础防卫力量”向“机动防卫力量”转型。一些中小国家的军队不甘落后,也在全力推进其相应的军事改革。

第四,维护国家政治安全和社会稳定的任务更加艰巨。一是部分西方国家加大了对我国实施西化、分化战略的力度。不断加大对我意识形态领域的进攻频度,不断加大对我实施和平演变的强度,不断加大对我政治制度瓦解的力度。二是反分裂斗争形势依然严峻复杂。各种分裂势力加紧了勾联聚合,其分裂活动呈愈演愈烈之势。三是现实世界安全和虚拟世界安全相互影响。境内外敌对势力把互联网、手机等新兴媒体,作为寻衅滋事和扩散升级社会矛盾的重要渠道。在一些别有用心的势力策划和推动下,一些传言、谣言、谎言在网络上快速传导,扰乱人心。所有这些都给我们维护国家政治安全和社会稳定增加了新的难度。

对以上四方面的发展态势,我们要密切跟踪、及时研判,最关键的是要高度警惕国家被侵略、被颠覆、被分裂的危险,高度警惕改革发展稳定大局被破坏的危险,高度警惕中国特色社会主义发展进程被打断的危险。“中国人民解放军全体指战员,中国人民武装警察部队全体官兵,要按照听党指挥、能打胜仗、作风优良的强军目标,提高履行使命能力,坚决捍卫国家主权、安全、发展利益,坚决保卫人民生命财产安全。”①

二、深刻认识军队在国家安全和发展战略全局中的重要地位和作用

2013 年 3 月 11 日,总政治部发出通知,要求全军和武警部队认真学习贯彻习主席在十二届人大一次会议解放军代表团全体会议上的重要讲话,要着重深刻认识国防和军队建设在实现“中国梦”中的重要地位作用,充分认清我国安全和发展面临的机遇和挑战,进一步增强加快推进国防和军队现代化的使命感和责任感,

---

① 习近平:《在第十二届全国人民代表大会第一次会议上的讲话》,《解放军报》2013 年 03 月 18 日。

自觉担当起维护国家主权、安全、发展利益的重大责任,埋头苦干,抓紧快干,为实现"中国梦"提供坚强力量保证①。贯彻落实习近平上述重要指示,军队各级干部特别是中高级干部,必须要具有宽广的眼界和开阔的胸襟,要善于把握大势、把握方向、把握全局,深刻认识军队在国家安全和发展战略全局中的重要地位和作用,要从政治高度思考和处理国防和军队建设问题,着眼国家利益全局筹划和指导军事行动。

国防和军队建设,必须放在实现中华民族伟大复兴这个大目标下来认识和推进。我们党历来高度重视国防建设和经济建设的关系,历来高度重视军队现代化和国家现代化建设的关系。习近平结合新的形势和任务,对国防和军队建设与中华民族伟大复兴的关系,做出新的阐发。2012 年 12 月 10 日,习近平在与驻广州部队师以上领导干部合影后的即席讲话中,首次阐述了强军梦与强国梦的关系,他指出,实现中华民族伟大复兴,是中华民族近代以来最伟大的梦想。可以说,这个梦想是强国梦,对军队来说,也是强军梦。我们要实现中华民族伟大复兴,必须坚持富国和强军相统一,努力建设巩固国防和强大军队②。2013 年 3 月 11 日,习近平在十二届全国人大一次会议解放军代表团全体会议上的讲话中,对推进国防和军队建设提出了新的要求,他指出,实现中华民族伟大复兴的"中国梦",凝聚了近代以来中华民族的世代夙愿,寄托着中国人民振兴中华、强国富民的共同意愿。国防和军队建设,必须放在实现中华民族伟大复兴这个大目标下来认识和推进,服从和服务于这个国家和民族最高利益。习近平关于把国防和军队建设放在实现中华民族伟大复兴这个大目标下来认识和推进的重要论述,明确了国防和军队建设与实现中华民族伟大复兴的关系,明确了国防和军队建设的方向、目标和推进要求,我们必须深刻理解,准确把握,认真贯彻,加快推进国防和军队现代化。

军队要为实现中国梦提供坚强力量保证。习近平指出:"没有一支强大的军

---

① 《总政治部发出通知要求全军和武警部队认真学习贯彻习主席在十二届人大一次会议解放军代表团全体会议上的重要讲话》,《解放军报》2013 年 03 月 12 日。

② 《坚持富国和强军相统一努力建设巩固国防和强大军队》,《解放军报》2012 年 12 月 13 日。

队,没有一个巩固的国防,强国梦就难以真正实现。”回顾中国革命史和建设史,一个基本结论就是,没有强大的人民军队,就没有大国地位。中国革命经过22年艰苦卓绝的奋斗,迎来了新中国的诞生。但大国不等于有大国地位,更不等于强国。美国等西方大国自朝鲜战争以来,先是企图把新中国扼杀在摇篮里,后来又是一轮接一轮的战略遏制、战略围堵。强国梦蕴含强军梦,强国梦牵引强军梦,强军梦支撑强国梦,富国和强军相统一才是完整的中国梦。我们要实现中华民族伟大复兴,一定要继续积极努力,坚持富国和强军相统一,建设巩固国防和强大军队。

三、关于坚决维护国家主权、安全、发展利益的几点思考

以国家主权、安全、领土完整为念,是每一个军人的使命所系,职责所在,担当所指,也是每一个军人必须要牢固确立的思想观念,必须“坚持把国家主权和安全放在第一位”。

坚持用党中央、中央军委和习主席的决策指示统一全军官兵的思想。习近平曾语重心长地指出,党和人民把我们放在这样重要的岗位,是对我们的高度信任,我们一定要时刻以党和人民为念,以国家主权、安全、领土完整为念,以国防和军队建设为念,夙夜在公,恪尽职守,全力做好工作,决不辜负党和人民的重托,决不辜负全军广大官兵的期望。2013年1月29日,习近平在十八届中共中央政治局第三次集体学习时的讲话中指出:“我们要坚持走和平发展道路,但决不能放弃我们的正当权益,决不能牺牲国家核心利益。任何外国不要指望我们会拿自己的核心利益做交易,不要指望我们会吞下损害我国主权、安全、发展利益的苦果”①。2014年3月11日,习近平在出席十二届全国人大二次会议解放军代表团全体会议时再次强调:“实现强军目标,必须勇敢承担起我们这一代革命军人的历史责任。面对新的形势任务,必须以只争朝夕的精神推进国防和军队现代化。我们希望和平,但任何时候任何情况下,都决不放弃维护国家正当权益、决不牺牲国家核

① 《习近平在中共中央政治局第三次集体学习时强调更好统筹国内国际两个大局夯实走和平发展道路的基础》,《解放军报》2013年01月30日。

心利益"①。上述论述,彰显了习近平以国家主权、安全、领土完整为念的历史担当意识,我们要用党中央、中央军委和习主席的决策指示统一全军官兵的思想,不断增强忧患意识、使命意识、进取意识,勇敢承担起我们这一代革命军人的历史责任,坚决维护国家主权、安全和发展利益。

坚持军事斗争准备的龙头地位不动摇,充分认识坚持军事斗争准备龙头地位的重要性。军事斗争准备越充分,我们在战略上就越主动,我国发展的重要战略机遇期就越有保障。正是由于我们多年来始终坚持军事斗争准备的龙头地位不动摇,反复强调军事斗争准备要往前赶、往实里抓,我们才有效地扼制了"台独"势力企图分裂祖国的图谋,才有效地维护了我国的主权、安全和发展利益。当前,我国周边安全形势严峻,面临着更多、更复杂的主权、安全和发展利益问题,这些都对新形势下的军事斗争准备提出了新的更高要求。为此,我们要坚持拓展和深化军事斗争准备,军事斗争准备要由以往的准备打仗向准备打仗和准备非战争军事行动拓展和深化,要抓好重要方向的军事斗争准备,统筹好其他方向的军事斗争准备,要高度关注海洋、太空和网络空间等新安全领域的军事斗争准备问题。

全面提高信息化条件下的威慑和实战能力,大力提高军事训练的实战化水平。经习近平主席批准,中央军委日前颁发《关于提高军事训练实战化水平的意见》(以下简称《意见》),《意见》紧紧围绕实现党在新形势下的强军目标、不断提高部队能打仗打胜仗能力,系统提出当前和今后一个时期提高军事训练实战化水平的指导思想、总体思路、主要任务和措施要求,为全军和武警部队从实战需要出发从难从严训练提供重要依据②。通过加强部队的实战化训练,一方面可以有效提升部队的实战能力,另一方面可为增强威慑能力奠定实力基础。增强军队的威慑能力,要注重发挥军事力量的战略功能,特别是要充分发挥军事力量在营造态势、预防危机、遏制战争、打赢战争方面的战略功能。除加强对打赢信息化局部战

① 《以改革创新精神开拓国防和军队建设新局面为实现党在新形势下的强军目标而努力奋斗》,《解放军报》2014 年 03 月 12 日。

② 《经习近平主席批准,中央军委颁发〈关于提高军事训练实战化水平的意见〉》,《解放军报》2014 年 03 月 21 日。

争指导的研究外,还要深入研究和平时期军事力量的运用问题,重视对军事威慑等非战争方式运用指导的研究,以不断增强我军的威慑能力。

军队要为维护社会大局稳定提供强大的力量支持。当前,维护国家主权、安全和发展利益面临十分复杂的国际国内环境,同时,我们还面临艰巨繁重的国内改革发展稳定任务。对于目前的形势,习近平强调指出:“当前,我国面临对外维护国家主权、安全、发展利益,对内维护政治安全和社会稳定的双重压力,各种可以预见和难以预见的风险因素明显增多”①。因此,军队要重视做好遂行维护社会稳定任务各项准备,为维护社会大局稳定提供强大力量支持。坚持以维护国家安全和社会稳定核心需求为导向,拓展和深化军事斗争准备;加强对“三股势力”特点和规律的研究;开展相应的维稳训练和演习;必要时依据法律协助地方维护社会秩序,坚决维护国家主权、安全、发展利益。

(原载于《南京政治学院学报》2014 年第 4 期)

---

① 习近平:《关于〈中共中央关于全面深化改革若干重大问题的决定〉的说明》,《解放军报》2013 年 11 月 16 日。

坚定不移走中国特色改革强军之路*

党的十八大以来，习近平同志对深化国防和军队改革高度重视，亲自领导、亲自决策、亲自推动，做出一系列重要论述，深刻阐明了改革强军带根本性方向性全局性的重大问题，开启了走中国特色改革强军之路的新征程。习近平关于深化国防和军队改革思想是改革强军的科学指南和根本遵循，也是党的军事指导理论创新发展的标志性成果。

一、准确把握深化国防和军队改革思想的深刻内涵

习近平同志科学判断和把握国防和军队建设的历史方位和阶段性特点，对深化国防和军队改革提出一系列重大战略思想，明确了深化国防和军队改革的重大意义、指导原则、目标任务、主要内容和实践要求，实现了党的国防和军队改革理论新的重大突破。

（一）关于深化国防和军队改革的重要性和紧迫性

深化国防和军队改革是回避不了的一场大考。习近平同志深刻指出，我国进入由大向强发展的关键阶段，国防和军队建设处在新的历史起点上，放眼世界，纵观全局，审时度势，我们必须以更大的智慧和勇气深化国防和军队改革。这是实现中国梦、强军梦的时代要求，是强军兴军的必由之路，也是决定军队未来的关键

* 本文作者：姜铁军，军事科学院军事战略研究部研究员，博士生导师，专业技术大校；车兴飞，军事科学院军事战略研究部博士后，文职四级。

一招。从国际形势看，当前国际格局和国际体系正在发生深刻调整，全球治理体系正在发生深刻变革，国际力量对比正在发生近代以来最具革命性的变化，应对当今世界深刻复杂形势，有效维护国家安全，要求我们必须深化国防和军队改革；从党和国家工作全局看，巩固的国防和强大的军队对坚持党的执政地位、坚持和发展中国特色社会主义、实现党和国家长治久安具有特别重要的作用，坚持和发展中国特色社会主义，协调推进“四个全面”战略布局，要求我们必须深化国防和军队改革；从国防和军队自身看，把新形势下军事战略方针的新要求贯彻落实好，解决军队内部暴露出来的一些突出问题和矛盾以及严重制约我军能打仗、打胜仗的能力深层次矛盾和问题，履行好军队使命任务，要求我们必须深化国防和军队改革。

（二）关于深化国防和军队改革的指导思想、指导原则和目标任务

深化国防和军队改革是为了设计和塑造军队未来，为今后20年、30年国防和军队发展打下基础。习近平同志明确提出，深化国防和军队改革的指导思想是：“深入贯彻党的十八大和十八届三中、四中、五中全会精神，以马克思列宁主义、毛泽东思想、邓小平理论、‘三个代表’重要思想、科学发展观为指导，按照‘四个全面’战略布局要求，以党在新形势下的强军目标为引领，贯彻新形势下军事战略方针，全面实施改革强军战略，着力解决制约国防和军队建设的体制性障碍、结构性矛盾、政策性问题，推进军队组织形态现代化，进一步解放和发展战斗力，进一步解放和增强军队活力，建设同我国国际地位相称、同国家安全和发展利益相适应的巩固国防和强大军队，为实现‘两个一百年’奋斗目标、实现中华民族伟大复兴的中国梦提供坚强力量保证。”①深化国防和军队改革的指导原则是：牢牢把握坚持改革正确方向这个根本，把党对军队绝对领导的根本原则和制度进一步固化下来并加以完善，强化军委集中统一领导，全面贯彻落实军委主席负责制，更好使军队最高领导权和指挥权集中于党中央、中央军委；牢牢把握能打仗、打胜仗这个聚

① 《习近平在中央军委改革工作会议上强调：全面实施改革强军战略坚定不移走中国特色强军之路》，《人民日报》2015年11月27日。

焦点,坚持用战斗力标准衡量和检验改革成效;牢牢把握军队组织形态现代化这个指向,为建设巩固国防和强大军队、赢得军事竞争优势提供有力制度支撑;牢牢把握积极稳妥这个总要求,步步为营,积小胜为大胜。深化国防和军队改革的目标任务是:2020 年前在领导管理体制、联合作战指挥体制改革上取得突破性进展,在优化规模结构、完善政策制度、推动军民融合发展等方面改革上取得重要成果,努力构建能够打赢信息化战争、有效履行使命任务的中国特色现代军事力量体系,完善中国特色社会主义军事制度。

(三)关于深化国防和军队改革的战略举措

习近平同志着眼为实现强军目标提供根本动力和体制机制保障,提出一系列重大战略谋划和战略设计。强调要着眼于贯彻新形势下政治建军的要求,推进领导掌握部队和高效指挥部队有机统一,形成军委管总、战区主战、军种主建的格局;着眼于深入推进依法治军、从严治军,抓住治权这个关键,构建严密的权力运行制约和监督体系;着眼于打造精锐作战力量,优化规模结构和部队编成,推动我军由数量规模型向质量效能型转变;着眼于抢占未来军事竞争战略制高点,充分发挥创新驱动发展作用,培育战斗力新的增长点;着眼于开发管理用好军事人力资源,推动人才发展体制改革和政策创新,形成人才辈出、人尽其才的生动局面;着眼于贯彻军民融合发展战略,推进跨军地重大改革任务,推动经济建设和国防建设融合发展。

(四)关于深化国防和军队改革主要内容

习近平同志对深化国防和军队改革的主要工作提出了明确的安排部署,主要包括:推进领导管理体制改革,优化军委机关职能配置和机构设置,完善军种领导管理体制和新型作战力量领导体制;推进联合作战指挥体制改革,建立健全军委、战区两级联合作战指挥体制;优化军队规模结构,调整军种比例、官兵比例,优化军种内部结构;改革部队编成,推动部队编成向充实、合成、多能、灵活方向发展;构建军队院校教育、部队训练实践、军事职业教育三位一体的新型军事人才培养体系;推进军队政策制度改革,重点是完善军事人力资源政策制度和后勤政策制度;推动军民融合深度发展,健全相关体制机制;优化武装警察部队指挥管理和力量结构。同时,构建完善中国特色军事法治体系。在这些改革工作中,领导指挥体制改革是推进组织形态现代化的核心内容,也是牵引和推动其他改革的龙头和突破口,加紧推进领导指挥体制改革,对于构建中国特色现代军事力量体系、推进军队组织形态现代化,具有十分重要的意义。

(五)关于深化国防和军队改革的科学方法

习近平同志关于深化国防和军队改革重要论述贯穿着科学的思想方法和工作方法。强调国防和军队改革要加强统筹协调,搞好顶层设计,把握各项改革的关联性和耦合性,避免畸轻畸重、顾此失彼,避免各行其是、相互掣肘;要坚持两点论和重点论统一,抓住主要矛盾和矛盾的主要方面,在“落一子而全盘活”的改革上用力,在事关战斗力生成和提高的重要领域和关键环节改革上取得实质性突破,以重点突破带动整体推进;要坚持底线思维,增强风险防控意识和能力;要坚持问题导向,把改革主攻方向放在军事斗争准备的重点难点问题上,放在战斗力建设的薄弱环节上;发挥法治的引导、推动、规范、保障作用,确保在法制轨道上推进改革。对于改革实施,强调要搞好总体设计、统筹协调、整体推进、督导落实,确保各项改革工作统一谋划、统一部署、统一推进、统一实施。要求着力统一思想认识,着力加强组织领导,着力搞好配套保障,着力统筹其他各项工作,党政军民齐心协力,共同落实深化国防和军队改革各项任务,推动全面实施改革强军战略不断取得新的进展。

二、深化国防和军队改革思想为开创强军兴军新局面指明了方向

习近平同志指出,深化国防和军队改革关键是要牵住“牛鼻子”。“牛鼻子”是什么?就是党在新形势下的强军目标。习近平关于深化国防和军队改革的重要论述,坚持用强军目标审视改革、以强军目标引领改革、围绕强军目标推进改革,为实现强军目标、开创强军兴军新局面提供了强大动力和体制保障。

(一)深化国防和军队改革思想为实现强军目标提供了强大动力

党在新形势下的强军目标是我们党建军治军的总方略,这一目标明确了加强军队建设的聚焦点和着力点。习近平同志要求全军准确把握这一强军目标,用以统领军队建设、改革和军事斗争准备,努力把国防和军队建设提高到一个新水平。

实现党在新形势下的强军目标是一项具有很强开拓性的事业,面对大量新情况新问题,必须锐意改革、勇于探索、大胆创新。历史经验表明,我军现代化建设的每一次重大突破,无一不经由改革实现,无一不是勇于变革的结果。实现强军目标,改革是贯穿始终的强大动力,也是实现这一目标的具体实践。深化国防和军队改革思想正是围绕强军目标展开的,他提出的深化国防和军队改革指导思想、方针原则、目标任务、战略举措等,都充分体现了贯彻落实强军目标的要求,都紧紧围绕实现强军目标来筹划设计。可以说,深化国防和军队改革思想,始终坚持用强军目标来审视、引领和推进,各项改革部署都着眼强军目标来展开,各项改革任务都围绕强军目标来进行,以高屋建瓴之势,收纲举目张之效。强军目标是贯穿改革强军战略的灵魂和主线,抓住了这一条,就抓住了习近平深化国防和军队改革思想的关键。

(二)深化国防和军队改革思想为实现强军目标提供了体制保障

从近年军队现代化建设和遂行军事斗争任务的情况看,我军打信息化战争能力不够、各级指挥信息化战争能力不够的问题比较突出,军事斗争准备存在不少短板,一个重要原因是领导管理体制不够科学、联合作战指挥体制不够健全、力量结构不够合理、政策制度相对滞后。这些深层次矛盾和问题严重制约我军能打仗、打胜仗的能力。同时,军队内部暴露出来的一些突出问题和矛盾,要求我们必须增强军队自我净化、自我完善、自我革新、自我提高的能力。解决这些问题,归根结底要靠改革,从制度上根本解决问题。

深化国防和军队改革思想针对更好落实党对军队绝对领导这一带根本性的问题,提出"通过一系列体制设计和制度安排,把党对军队绝对领导的根本原则和制度进一步固化下来并加以完善,强化军委集中统一领导,更好使军队最高领导权和指挥权集中于党中央、中央军委”①,部署对军委总部体制做出调整,从职能定位入手,优化军委机关职能配置和机构设置,使军委机关真正成为军委的参谋机关、执行机关、服务机关,把七大军区调整划设为东部、南部、西部、北部、中部五大战区,打破了长期实行的总部体制、大军区体制、大陆军体制,是对我军整个组织架构的一次重塑;针对我军重人治、轻法治现象还比较突出,法治专门机构体制机制不顺、力量薄弱、职能不完备,法律服务保障力量分散等问题,提出推进强军事业、建设强大军队,要全面落实中央军委关于新形势下深入推进依法治军、从严治军决定,构建完善中国特色军事法治体系,加快实现治军方式的“三个根本性转变”;针对军种比例、官兵比例不合理等问题,提出要继续“消肿”,调整完善军种比例,优化军种力量结构,推动军种建设战略转型,健全管经费、管物资、管采购、管工程等方面的制度;针对军民融合融不起来、深不下去的问题,提出要着力解决制约军民融合发展的体制机制问题,努力构建统一领导、军地协调、顺畅高效的组织管理体系,国家主导、需求牵引、市场运作相统一的工作运行体系,系统完备、衔接配套、有效激励的政策制度体系,形成全要素、多领域、高效益的军民融合深度发展格局,为推动军民融合发展提供制度保证。要求我们适应军队职能任务需求和国家政策制度创新,推进军官、士兵、文职人员等制度改革,深化军人医疗、保险、住房保障、工资福利等制度改革,完善军事人力资源政策制度和后勤政策制度,建立体现军事职业特点、增强军人职业荣誉感自豪感的政策制度体系,等等。这些战略举措对于完善中国特色社会主义军事制度,更好地坚持党对军队的绝对领导,保持人民军队的性质,提高部队战斗力,实现强军目标具有深远意义。

(三)深化国防和军队改革思想进一步明确了实现强军目标的战略重点

“抓住重点带动面上工作,推动事物发展不断从不平衡到平衡,是唯物辩证法的要求,也是我们党在革命、建设、改革历史进程中一贯倡导和坚持的。”②党的十

① 《习近平在中央军委改革工作会议上强调:全面实施改革强军战略坚定不移走中国特色强军之路》。

② 《习近平在中共中央政治局第三十次集体学习时强调:准确把握和抓好我国发展战略重点扎实把“十三五”发展蓝图变为现实》,《人民日报》2016 年 01 月 31 日。

八大以来,习近平同志对国防和军队建设高度重视,做出一系列重大战略决策。着眼实现中华民族伟大复兴的中国梦,提出党在新形势下的强军目标;主持召开全军政治工作会议,确立新的历史条件下政治建军方略;根据我军使命任务拓展,制定新形势下军事战略方针;深入推进依法治军从严治军,推动治军方式根本性转变;实施军民融合发展战略,推动军民融合深度发展等,国防和军队建设取得历史性成就。在中央军委改革工作会议上发表的重要讲话,对全面实施改革强军战略做出系统阐述,对深化国防和军队改革做出全面部署,不但为全军提供了思想引领和根本遵循,也更进一步完善了强军兴军的重大战略举措。同时,深化国防和军队改革对实现强军兴军战略布局具有重大意义。对于政治建军,改革是"重整行装再出发"的根本途径,党的集中统一领导则是实现改革发展目标的根本保证;对于依法治军,改革是齐头并进的姊妹篇,深化改革需要法治保障,依法治军也需要深化改革;对于军民融合,改革是凝聚国家意志、举全国之力,军地同心推动军民融合发展战略落实的必然要求。可以说,改革强军与政治建军、依法治军、军民融合共同组成强军兴军紧密联系的四大支柱,这四大支柱在新形势下军事战略方针的有力牵引下,贯穿于全军上下抓备战谋打赢的火热实践中,共同支撑着党在新形势下强军目标,强军兴军战略布局日臻完善。

三、坚定自觉地把深化国防和军队改革思想和改革强军战略落到实处

改革蓝图绘就,冲锋号角劲吹,我们必须以习近平关于深化国防和军队改革重要论述为指导,围绕改革强军战略,统一思想,坚定信心,强化责任,听令而行,以高度的历史自觉和强烈的使命担当,以踏石留印、抓铁有痕的精神,坚决打赢改革这场攻坚战,努力交出让党和人民满意的答卷。

(一)把改革强军战略落到实处必须强化使命担当、自觉突破利益掣肘

改革不可能不触及既有利益结构和利益关系,有时候影响改革的许多思想障碍不是来自体制外而是来自体制内,不是来自群众而是来自领导干部,尤其是来自各种既得利益的羁绊。深化国防和军队改革,各级必须坚定改革决心,勇于打

破利益固化的藩篱。

站在国际战略竞争和国家军队全局的制高点上认识深化国防和军队改革的重要性。深化国防和军队改革是关系党和国家事业发展全局的重大战略部署,不单单是军队领域的单项改革,必须坚持从全局出发看问题。当今世界,军事革命浪潮风起云涌,在这场世界新军事革命的大潮中,谁思想保守、故步自封,谁就会错失宝贵机遇,陷于战略被动。习近平同志指出,近代以后,我国封建统治者夜郎自大、故步自封,错失发展机遇,结果国家积贫积弱、军事上逐渐落后,最后到了被动挨打的地步。新军事革命为我们提供了千载难逢的机遇,我们要抓住机遇、奋发有为,不仅要赶上潮流、赶上时代,还要力争走在时代前列。我们要自觉按照习近平同志的指示要求,从顺应国家安全和发展利益拓展的高度、世界新军事革命潮流的高度和国家治理体系建设的高度来认识改革,把自己的命运与国家、民族、军队的命运紧密联系在一起,着眼于国家前途、人民利益和军队发展想问题、做决策。

要坚决破除小集体利益,不打"小算盘"。习近平同志强调,深化改革,难免触动一些人的"奶酪",碰到各种复杂关系的羁绊,不可能皆大欢喜,突破既得利益,让改革落地,需要有勇气、有胆识、有担当,关键是要有大局观念,做到个人利益服从集体利益、局部利益服从全局利益。不能总体上拥护改革,但一动自己的利益就不行。我们必须充分认识到改革是一场深刻的革命,刀口向内、模范带头,不打个人和小集体的"小算盘",坚决拥护改革、积极支持改革、自觉投身改革。要充分认清全军是一个统一的整体,决不能一事当前想的不是党的利益、军队利益,而是个人利益、小团体利益。

高级领导干部和总部机关必须作突破利益藩篱的表率。领导干部和总部机关以身作则、率先垂范向来是我军完成急难险重任务的重要保障,也是我军顺利推进改革的重要原因。"上面"不带头,"下面"也就不会有积极性。对此,邓小平曾指出,改革"贯彻执行的关键在于高级干部要以身作则。高级干部办到了,全军就容易办到。高级干部办不到,就会一风吹,一切照旧"①。习近平同志强调,军委总部要切实担负起改革的领导责任,带头深化改革,发挥表率作用。高级领导和领率机关要切实强化大局意识、责任意识,自觉从党和国家工作全局出发思考问题,从实现强军目标大局出发思考问题,在改革触及自身利益时,做到自觉听从组织安排,争做改革的促进派和实干家。

(二)把改革强军战略落到实处必须充分发挥我军特有优势

深化国防和军队改革要取得成功,必须发挥我军特有优势,在党中央、中央军委和习主席统一领导下有组织有秩序加以推进。

要充分发挥我军思想政治工作的优势。坚强有力的思想政治工作是我军的独特优势,在保证部队建设各项任务的顺利完成中一直发挥着巨大的作用。深化国防和军队改革是一场整体性、革命性变革,推进力度之大、触及利益之深、影响范围之广前所未有。面对艰巨繁重的改革任务和深刻的利益调整,打好这场攻坚战,必须抓好思想教育,做到改革推进到哪一步,教育就跟进到哪一步,切实做到"把思想政治工作贯穿改革全过程,引导各级强化政治意识、大局意识、号令意识,引导官兵积极拥护、支持、参与改革"②,使全军都能从全局和战略高度来认识和把握深化国防和军队改革的重大意义和丰富内涵,把思想和行动统一到党中央和中央军委的决策部署上来,凝聚起推动改革的强大意志力量,确保各项改革任务落地生根。

要充分发挥我军组织优势。组织优势一直是我军攻坚克难的根本保障,国防和军队改革的各项政策方针能不能得到有效贯彻落实,关键在党委。深化国防和军队改革,不仅要重构组织形态,还要重塑力量体系;既动棋盘、又改规则;涉及所有系统、各个方面,涵盖所有单位、各个层级。要加强组织领导,精心筹划实施,才能有条不紊、稳扎稳打,凝神聚力、形成合力,确保改革部署及时落实、有效落实,确保改革举措快速落地、精准落地。各级党委要发挥在实现改革目标中的核心领

---

① 《邓小平文选》第 2 卷,人民出版社 1994 年版,第 72 - 73 页。

② 《习近平在中央军委改革工作会议上强调:全面实施改革强军战略坚定不移走中国特色强军之路》。

导作用,“把工作主线放在改革上,各项工作都要围绕改革来谋划、部署、推进”①。

要充分发挥我军群众路线的优势。坚持以人为本,尊重群众主体地位,发挥群众首创精神,凝聚着我党我军推进改革的成功经验。习近平同志要求我们尊重实践,尊重官兵创造精神,善于从部队建设的生动实践中总结经验、揭示规律。深化国防和军队改革,必须树牢马克思主义群众观点,凝聚官兵力量,最大限度地调动官兵的积极性、主动性和创造性,同向发力形成最大合力,同心用力产生乘数效应,使深化改革的过程成为广大官兵积极参与、创造活力竞相迸发、部队战斗力稳步提高的过程。

(三)把改革强军战略落到实处必须坚决维护中央和改革方案权威

军队改革,既是军事行为,更是政治行为,必须坚持以党的旗帜为旗帜,以党的方向为方向,以党的意志为意志,坚决维护党中央、中央军委的权威。

要强化中央权威,不断提高党的威信。从我军的改革实践看,无论是新中国成立初期的国防和军队改革,还是20世纪80年代的百万大裁军,规模和难度都很大,但都很快很顺利地完成了。一个重要原因就是由于党的威信高、中央的权威大。今天的改革任务重、困难多、责任大,强化党中央、中央军委权威尤为重要。习近平同志深刻指出:“党的形象和威望、党的创造力凝聚力战斗力不仅直接关系党的命运,而且直接关系国家的命运、人民的命运、民族的命运。”②要坚持在思想教育上从严,在贯彻党章和党的制度上从严,在遵守党的纪律上从严,在干部教育管理上从严,以从严治党的实际成效促进从严治军方针的贯彻落实。要不断改善党的领导,确保党从思想上政治上组织上牢牢掌握部队。要持久抓紧抓好贯彻全军政治工作会议精神、作风建设和反腐败斗争等工作,把“三严三实”专题教育整顿同深化改革紧密结合起来,把严和实的要求贯穿改革全过程,不断改进党的作风,使部队作风实现根本好转,切实提高党的威信。

---

① 《习近平在中央军委改革工作会议上强调:全面实施改革强军战略坚定不移走中国特色强军之路》。

② 习近平:《在党的群众路线教育实践活动总结大会上的讲话》,《人民日报》2014年10月09日。

要严格政治纪律、组织纪律。改革要推行，纪律是保证，尤其在关键时刻，贯彻重大决策，更应严肃纪律，这是体现中央权威的重要方面。对此，邓小平曾指出，“整顿军队必须严格整顿纪律”①，对不执行命令的，就坚决执行纪律，从而打开了改革的局面。今天，我们要使中央关于改革的各项决策指示不打折扣地贯彻落实，必须切实强化政治纪律、组织纪律，以严格的纪律来保证党中央、中央军委的集中统一领导，确保改革的顺利推进。军队改革方案就是党中央、中央军委的命令。对深化国防和军队改革的指导思想、基本思路、重大举措，不允许自作主张、各行其是，不允许打折扣、搞变通。

要以法规来加强权威。改革和法治如鸟之双翼、车之两轮。深化国防和军队改革必须将依法治军方针和全面实施改革强军战略有机结合，把深化改革和厉行法治作为一个整体来思考和布局，注重改革与立法的衔接协调，用法治引领保障改革，以改革推进完善法治，确保国防和军队改革有步骤有重点地扎实推进，确保改革在法制轨道上推进。坚持立法同改革相衔接，抓紧做好法规制度的立改废释工作，缩短新法旧法之间的“过渡期”。坚持以法治强制力保障改革任务圆满完成，对执行不力、落实不到位的，要严肃问责，确保改革决策得到坚决贯彻执行。

（原载于《中国军事科学》2016 年第 1 期）

参考文献：

[1]《习近平谈治国理政》，人民出版社 2014 年版。

[2]《中共中央关于全面深化改革若干重大问题的决定》，人民出版社 2013 年版。

[3]《〈中共中央关于制定国民经济和社会发展第十三个五年规划的建设〉辅导读本》，人民出版社 2015 年版。

---

① 《邓小平军事文集》第 3 卷，军事科学出版社、中央文献出版社 2004 年版，第 85 页。

坚定不移走中国特色国家安全道路*

党的十八大以来，习近平主席站在时代发展和战略全局的高度，统筹国内国际两个大局，统筹安全发展两件大事，始终把维护国家安全作为头等大事，以深邃的世界眼光、深沉的历史担当和高超的领导艺术，鲜明提出总体国家安全观重大战略思想，亲自指挥开展维护国家安全的重大行动，极大创新发展了我党安全指导理论和实践。

一、总体国家安全观是维护国家安全的科学指南

党的十八大以来，习主席顺应时代发展要求和国家利益需要，坚持把国家安全问题放在当今世界大变局的时代背景下加以思考，放在实现中华民族伟大复兴的历史进程中加以运筹，强调国家安全是安邦定国的重要基石，做出一系列重要论述，鲜明提出总体国家安全观，进一步丰富和发展了中国特色国家安全理论体系。

一是准确判断了国际形势和我国安全环境。习主席纵观当今世界正在经历的大变局，明确提出“三大趋势”“三个前所未有”“三个重大危险”等战略判断。即，从外部环境来看，国际形势风云变幻，当今世界是一个新机遇新挑战层出不穷、国际体系和国际秩序深度调整、国际力量对比深刻变化并朝着有利于和平与

* 本文作者：孙建国，中国人民解放军副总参谋长、中国国际战略学会会长。

发展方向变化的世界；从我国发展的阶段性特征来看，我国前所未有地靠近世界舞台中心、前所未有地接近实现中华民族伟大复兴的目标、前所未有地具有实现这个目标的能力和信心；从国家安全面临的威胁来看，主要存在国家被侵略、被颠覆、被分裂的危险，改革发展稳定大局被破坏的危险，中国特色社会主义进程被打断的危险。当前，我国经济社会发生深刻变化，改革进入攻坚期和深水区，社会矛盾多发叠加，面临着各种可以预见和难以预见的安全风险挑战。这些重大战略判断，科学回答了我们处于什么环境、站在什么方位、面临什么挑战等一系列基本问题，体现了对国际战略格局和周边形势发展的深刻把握，为深入推进国家安全工作提供了基本依据。

二是鲜明确立了走中国特色国家安全道路。习主席从世情国情实际出发，突出强调必须毫不动摇地坚持中国共产党对国家安全工作的绝对领导，以人民安全为宗旨，以政治安全为根本，以经济安全为基础，以军事、文化、社会安全为保障，以促进国际安全为依托，在发展和改革开放中促安全，走出一条中国特色国家安全道路，深刻阐明了党在国家安全中的核心领导地位，揭示了国家安全各领域各要素的功能作用和相互关系，与我国社会主义制度、和平发展战略和优良文化传统内在要求相一致，体现了在安全领域的道路自信和可持续发展，为筹划指导国家安全工作指明了方向。

三是不断拓展了国家安全战略内涵和外延。习主席以宽广的战略视野，首次提出要构建集政治安全、国土安全、军事安全、经济安全、文化安全、社会安全、科技安全、信息安全、生态安全、资源安全、核安全等于一体的国家安全体系，使我们对安全领域的认识更广泛更深刻，明确了对国家安全体系的科学界定，有利于统筹应对多种安全威胁、系统筹划国家安全工作、找准实践抓手，把这 11 个方面安全工作做实做细做好了，国家安全就有了可靠保证。

四是科学运筹了国家安全战略的总体布局。习主席决策组建中央国家安全委员会并亲自担任主席，加强对国家安全工作的领导；积极适应有效维护国家安全的迫切需要，制定和实施《国家安全战略纲要》；着力构建国家安全法律体系，将法治贯穿于维护国家安全的全过程,加快国家安全法、网络安全法、反恐怖法等重点立法,为维护国家安全提供有力法治保障;重视加强国家安全意识教育,努力打造高素质的国家安全专业队伍;强调军队是维护国家安全的坚强柱石,努力建设与我国国际地位相称、与国家安全和发展利益相适应的坚固国防和强大军队;注重综合施策、多管齐下,统筹运用政治、经济、军事等各种手段,大力推进国家安全各种保障能力建设,形成维护国家安全的强大整体合力。这些战略举措,建立了集中统一、高效权威的国家安全工作领导体制,形成了依法加强国家安全建设的基本格局,明确了维护国家安全的基本力量及其运用方式,有力推动了国家安全治理体系和治理能力的现代化。

五是明确提出了做好国家安全工作的科学方法。习主席强调,要善于把握大势,统揽战略全局,积极主动进取,正确处理外部安全与内部安全、国土安全与国民安全、传统安全与非传统安全、发展问题与安全问题、自身安全与共同安全等重大关系,始终增强忧患意识,做到居安思危,凡事从最坏处准备、向最好结果去努力,做到有备无患、遇事不慌、把握主动权。这些重要论述,要求我们在做好安全工作上始终坚持战略思维、历史思维、辩证思维、创新思维和底线思维,运用科学的思想方法和工作方法认识问题、分析问题、解决问题,切实掌握工作制胜的看家本领。

六是彰显凝聚了维护国家安全的决心意志。习主席强调,我们坚持走和平发展道路,但决不能放弃我们的正当权益,决不能牺牲国家核心利益,任何外国不要指望我们会吞下损害我国主权、安全、发展利益的苦果;在国家主权和领土完整遇到重大挑战时,必须针锋相对,寸土必争;中国在一穷二白时敢于维护国家利益,反对世界强权,从未在外来压力下弯过腰、低过头,现在中国发展强大了,更不会屈从于任何外来压力,必须坚决维护国家核心和重大利益。这体现了习主席勇于决断、敢于亮剑的战略胆魄与决心意志,向世界清晰划出了涉及中国国家核心利益的红线,为全党全军全国人民共同维护国家安全注入强大力量、给予极大鼓舞。

总体国家安全观重大战略思想,内涵丰富,思想深邃,体系完整,是运用马克思主义世界观方法论认识和分析国家安全形势的智慧结晶,是中国特色国家安全战略的最新理论成果,是指导开展中国国家安全战略实践的强大思想武器,已经引领维护国家安全步入新的发展阶段,并将继续焕发出勃勃生机与活力。

二、主动塑造中华民族伟大复兴的良好安全环境

党中央、习主席始终从实现“两个一百年”奋斗目标、实现中华民族伟大复兴中国梦的战略高度领导和运筹国家安全工作,坚持正确义利观,实现全面、共同、合作、可持续安全,在坚决维护我国利益的同时,促进世界各国共同繁荣,积极进行具有许多新的历史特点的伟大斗争,为国家长治久安和繁荣稳定奠定坚实基础,为世界和平与发展做出应有贡献。

持续塑造有利战略安全环境,构建新型大国关系取得突破性进展。大国是影响世界和平的决定性力量,运筹好大国关系对维护国家安全具有重要意义。2013年6月,习主席在美国安纳伯格庄园提出构建“不冲突不对抗、相互尊重、合作共赢”中美新型大国关系的重大倡议,是国际关系史上的一大创举,中美关系站在了新的起点上。2014年11月中美两国元首在中南海瀛台夜话,在新型大国关系框架下达成许多新共识。中美新型大国关系明确了大国交往应当遵循的基本原则。把不冲突不对抗作为前提,把相互尊重作为关键,把合作共赢作为核心,为中美关系发展指明了方向、规划了蓝图、注入了正能量,为处理大国间关系提供了崭新思路。中美新型大国关系使我国占据了国际关系发展的道义制高点。14字原则符合经济全球化和国际关系民主化的时代潮流,赢得了国际社会的广泛认同,成为我们坚持公平正义、合作共赢的鲜明旗帜。中美新型大国关系开创了新兴大国与守成大国和平相处、共同发展之道。倡导双方遵循共同的原则,跨越新兴大国与守成大国必然冲突对抗的所谓“修昔底德陷阱”。在中美新型大国关系框架下,我们提出构建以“尊重、互信、合作、稳健”为内涵的新型军事关系,对保持两国关系健康稳定发展发挥了重要作用。“不冲突不对抗”并不意味着“不斗争”。中美关系一直是在既合作、又斗争中曲折发展的,事实一再证明,不斗争就不可能使美国

尊重我们的核心利益,不斗争就不可能实现平等基础上的合作共赢,不斗争就不可能有今天的良好局面。

积极经略、塑造、稳定周边,持续提升对周边事务的影响力。周边是我国安身立命之所、发展繁荣之基。周边不靖,国将不宁。当前,中国周边地区保持总体稳定态势,但不稳定不确定因素也在增加。2013 年 10 月,中央召开新中国成立以来首次周边外交工作座谈会,确定今后一个时期我国周边外交的战略目标、基本方针和总体布局,明确"亲、诚、惠、容"理念。习主席亲自倡导推动的"一带一路"倡议,是推动中国特色大国外交的大决策,是维护地区和平稳定的大举措。2014 年 5 月,习主席在亚信峰会上提出"共同、综合、合作、可持续"的亚洲安全观,为维护亚洲乃至世界安全稳定提供了新的思路和理念。"大周边"外交战略指导和布局的日臻完善,对保障我国战略安全、拓展战略空间、突破遏制我国的战略包围具有重大意义,进一步塑造了对我国更加有利的周边安全态势。同时,中国坚定不移发展对印度战略合作伙伴关系,以积极和向前看的态度管控和处理分歧,继续通过友好协商解决边界问题,有效保持了边境地区和平安宁。中国始终坚持朝鲜半岛无核化、避免半岛生乱生战、通过对话和平解决争端,有力维护了半岛局势总体稳定。

坚决支持香港特区政府依法处置非法"占中"活动,坚定捍卫"一国两制"基本方针。敌对势力一直妄图使香港成为对中国内地进行颠覆、渗透的桥头堡。2014 年发生的非法"占中"活动,就是香港少数激进团体在外部势力怂恿支持下,围绕行政长官普选问题,精心策动的一场香港版"颜色革命"。中央坚定不移贯彻"一国两制"方针和基本法,坚定不移支持特区政府及警队依法处置违法行为,开展清路清场行动,有力维护香港的社会秩序、经济民生、民主发展和法治根基,保持香港大局稳定,持续 79 天的非法"占中"活动以彻底失败告终。习主席三次接见特区行政长官梁振英,充分肯定、全力支持其和特区政府依法施政,彰显中央对特区政府依法推进行政长官普选工作的坚定决心和坚强意志。这场较量是捍卫"一国两制"基本方针的斗争,也是对"台独"分裂势力的严正警告。2014 年 2 月习主席会见中国国民党荣誉主席连战时，明确提出“两岸一家亲、共圆中国梦”重要理念，表明坚定推动两岸关系和平发展、坚决制止“台独”分裂图谋的信心和决心，确保了两岸关系大局稳定，引领了两岸关系发展，为推动祖国和平统一进程创造了更好条件。

有力遏制“颜色革命”，坚决维护国家政治安全和政权安全。策动“颜色革命”是一些西方国家打着“民主化”旗号、颠覆他国政权的惯用伎俩。随着中国不断发展，西方国家对中国的渗透破坏指向愈加明确，活动愈加猖獗，加紧实施网上“文化冷战”和“政治转基因”工程。意识形态领域斗争尖锐复杂，铸魂与“蛀”魂、固根与“毁”根较量更加激烈，成为我国政治安全和政权安全面临的重大现实危险。做好防范“颜色革命”工作，事关党的前途命运，事关国家长治久安。我们始终坚持中国共产党的领导，打好意识形态主动仗，坚定中国特色社会主义道路自信、理论自信、制度自信；始终坚持发展是硬道理的战略思想，夯实社会繁荣富强、人民幸福安康、社会和谐稳定的物质基础；始终坚持思想建党和制度治党，严明政治纪律和政治规矩，坚决遏制腐败现象蔓延势头。同时，严厉打击各种颠覆违法活动，粉碎敌对势力对我国策动“颜色革命”图谋，全力打赢了维护社会政治稳定的硬仗；对国内暴恐势力保持严打高压态势，坚决挫败恐怖分裂势力破坏图谋，牢牢掌握了反暴恐斗争主动权；加强互联网管理，综合治理网络生态，弘扬主旋律，传播正能量，净化了网络环境，保持了社会和谐稳定。

三、强军目标引领国防和军队建设开创新局面

军队是保障国家安全的坚强后盾，军事手段是维护国家安全的保底手段。贯彻总体国家安全观、实现国家总体安全，对军事力量建设和运用提出许多具有新的时代特点的要求。十八大以来，在习主席和中央军委坚强领导下，军队紧紧围绕实现党在新形势下的强军目标，坚持从思想上政治上建设和掌握部队，坚持各项工作向打仗聚焦用劲，坚持严字当头、改作风、正风气，坚持把改革作为关键之举，全面加强革命化、现代化、正规化建设，开启了强军兴军的新征程。

第一，始终把党的领导作为维护国家安全和社会稳定的最大压舱石，毫不动摇地坚持党对军队绝对领导的根本原则和制度。坚决听党指挥是我们的建军之魂、强军之魂，是保证我们党长期执政、国家长治久安的根本法宝。

坚持对党绝对忠诚，打牢军队听党指挥的思想根基。习主席把坚持党对军队绝对领导作为思想政治建设的根本，狠抓中国特色社会主义理论体系武装，切实打牢官兵听党话、跟党走的思想政治基础；强调对党绝对忠诚要害在“绝对”两个字，就是唯一的、彻底的、无条件的、不掺任何杂质的、没有任何水分的忠诚，必须落实在行动上，以行动来检验。绝对忠诚是革命军人忠诚的最高境界，也是人民军队铸魂育人的最高标准，在这个重大政治问题上，必须确保100%的忠诚，99%都不行，不能打半点折扣，不能有丝毫动摇，否则就是“亚忠诚”甚至“伪忠诚”。

胜利召开新古田会议，确立新形势下政治建军方略。习主席亲自决策在古田召开全军政治工作会议，出席会议并发表重要讲话，寻根溯源、正本清源，重申了思想建党、政治建军原则，明确回答了怎么做好新形势下军队政治工作这个重大问题，确立了党在强国强军征程中政治建军的大方略，开启了强军兴军新征程的动员令，树立了新的时代条件下我军革弊鼎新的里程碑，实现了新形势下我军思想政治建设的重大发展。各级把落实会议精神作为重大政治任务，围绕军队政治工作的时代主题，扎实推进理论武装、思想教育、党组织和干部队伍建设等各项工作，使人民军队获得了更加强大的精神动力。

坚决贯彻落实军委主席负责制，强化对全军集中统一领导。军委主席负责制是宪法明确规定的我国军事制度的重要内容，是党对军队绝对领导根本制度的最高实现形式，对于保证党中央、中央军委牢牢掌握军队最高领导权和指挥权具有根本性、决定性作用。我军最高的政治纪律和政治规矩，是坚定不移捍卫党对军队绝对领导，坚决维护和落实军委主席负责制，一切行动听从党中央、中央军委和习主席指挥，这是任何党员干部不能逾越的底线、不能触碰的红线。我们必须始终把坚决贯彻落实军委主席负责制作为最高政治要求来遵循，作为最高政治纪律来严守，坚决维护党中央、中央军委和习主席的权威。

第二,适应形势任务变化创新发展军事战略指导,充分发挥军事力量对实现国家安全战略目标的重要支撑作用。习主席准确把握世界发展大势、我国所处历史方位和战争形态深刻演变,科学回答战略筹划和战争指导等一系列重大问题,为在新的起点上加强军队现代化建设和军事斗争提供了根本依据。

从实现中华民族伟大复兴高度认识筹划战争问题。着眼实现党和国家战略目标权衡军事行动,对打不打、何时打、怎么打、打到什么程度等,都从政治和全局高度筹划决策,始终扭住关系全局的战略枢纽管控危机,确保战略全局稳定。

坚持和发展积极防御战略思想。更加注重运用军事力量和军事手段营造有利战略态势,把备战和止战、威慑和实战、战争行动与和平时期军事力量运用作为整体加以运筹,推动军队现代化战略转型。

提出现代战争作战指导新思想。要求深化现代战争的特点规律和制胜机理研究,把握体系作战这个本质,强化信息主导、体系支撑、精确作战、联合制胜的观念,瞄着敌人的软肋和死穴打,着眼于发挥我们的优势打,以能击不能,创新了新的时代条件下人民战争的战略战术。

注重经略新型安全领域。高度关注海洋、太空、网络空间安全,关注战场空间的新变化和军事竞争新的制高点,加强相关力量和手段建设,大幅提高新型安全领域军事斗争能力和水平,全面提升在更加广阔空间遂行多样化军事任务的能力。

第三,按照能打仗、打胜仗核心要求拓展深化军事斗争准备,着力提升军队维护国家安全的实际能力。全军坚持战斗力这个唯一的根本的标准,紧紧扭住能打胜仗,全部心思向打仗聚焦,各项工作向打仗用劲,部队真抓实备、常备不懈,面貌发生了根本性变化。

统筹推进各方向各领域军事斗争准备。扎实推进军事斗争准备,为海上维权执法提供支援掩护,实现东海防空识别区常态化巡逻和有效管控,着力维护陆上边境安全稳定,加大海外救援、护航和维和等军事力量“走出去”力度,首次派出作战部队参加联合国维和行动,有效履行了军队在维护国家主权、安全和发展利益方面的使命任务。

深入推进实战化军事训练。习主席强调要坚持从难从严训练部队，坚持仗怎么打兵就怎么练，提高部队复杂困难条件下可靠遂行任务的能力，亲自指挥重大演训活动，为全军部队特别是高级干部谋打仗抓打仗做了表率。2014 年全军共进行了 200 余场师旅以上规模的实兵演习，总部直接组织 7 个合成旅集中检验评估，训练的难度、强度大幅提高，演风训风明显改善，练为战的导向更加鲜明，实战化氛围空前浓厚。

下大力提高实战和威慑能力。2014 年我国国防费预算突破 8000 亿元人民币，比上年增长 12.2%，军队的自主创新能力、新型作战力量、新式武器装备得到长足发展，作战训练保障条件得到明显改善，实战和威慑能力得到进一步提升。

第四，坚持以深化改革为强军兴军提供不竭动力，努力建设与国家安全与发展利益相适应的强大军队。习主席深刻洞察世界新军事革命发展趋势，坚持把改革作为强军兴军的关键一招，展开了新一轮国防和军队改革。

这次改革由党的领袖和军队统帅亲自筹划、亲自决策、亲自推动，改革势头、氛围、力度空前；首次把国防和军队改革纳入国家改革总体布局，将其上升为党的意志和国家行为，为军队深入顺利改革提供了强大支撑；首次由军委主席亲自担任深化国防和军队改革领导小组组长，加强集中统一领导，为军队全面推进改革掌舵；首次大范围广泛征求意见建议，全军高级干部和各方面相关人员数千人畅所欲言，踊跃建言献策；首次由军委主席亲自主持听取总部和大单位领导对军队改革的看法和意见，极大地鼓舞了全军上下拥护改革、支持改革、投身改革的积极性和自觉性。

这次改革的目标是解决制约国防和军队建设的体制性障碍、结构性矛盾和政策性问题，深入推进军队组织形态现代化，构建中国特色现代军事力量体系；改革的指导原则是牢牢把握坚持改革正确方向这个根本，牢牢把握能打仗打胜仗这个聚焦点，牢牢把握军队组织形态现代化这个指向，牢牢把握积极稳妥这个总要求；改革的重要领域是深入推进领导指挥体制、力量结构、政策制度等方面改革，优化结构、完善功能,为建设巩固国防和强大军队提供有力制度支撑。这次改革将涉及很多深层次矛盾问题,是我军历史上一次具有重大意义的革命性改革,成功实施必将推动我军革命化、现代化、正规化建设水平实现重大飞跃。

第五,紧紧抓住作风建设这个关系军队生死存亡的重大问题持续用力,确保我军血脉永续、根基永固、优势永存。十八大以来,党中央、习主席把作风建设作为切入点和突破口,下大力整风肃纪,突出解决“四风”问题,坚持反腐无禁区、全覆盖、零容忍、不封顶,以空前力度打老虎、拍苍蝇、逮狐狸,严肃查处周永康、徐才厚、令计划、苏荣等严重违纪违法案件,各级纪检监察机关查处违反中央八项规定精神问题5.3万起,处理7.2万人,其中党纪政纪处分2.4万人。2014年军队查处违纪违法涉案军级以上干部16人。

两年多来,纠“四风”改作风取得显著成效,刹住了许多人认为不可能刹住的歪风,解决了一些多年想解决但没有解决的问题,部队风气为之一新、军心士气为之大振。作风建设永远在路上,只有起点没有终点,只有进行时没有完成时,必须坚持频道不换、力度不减、标准不降,乘势而上,乘胜追击,必须持之以恒、锲而不舍,善始善终、善做善成。2015年军委部署在团以上党委机关开展“三严三实”专题教育整顿,着力整顿思想、整顿用人、整顿组织、整顿纪律,着力推动作风建设由治标向治本转变,军队的优良传统和新风正气将进一步弘扬,政治生态将进一步好转,法治化水平将进一步提高。

（原载于《国际问题研究》2015年第2期）

十八大以来军民融合发展的新实践新观点*

党的十八大以来，军民融合问题备受关注。习近平总书记提出，“进一步做好军民融合式发展这篇大文章，坚持需求牵引、国家主导，努力形成基础设施和重要领域军民深度融合的发展格局”。新形势下，我国军民融合发展出现了一系列新的特点，军队总部机关、各军兵种积极参与，主动作为，军民融合发展正在出现一个“需求牵引，军队和政府共同主导”崭新的局面，军民深度融合的理论和实践都取得显著成效。

从2012年开始，随着全党、全军对军民融合发展认识的加深，各总部、各军兵种都纷纷提出了与地方经济融合发展的需求。北京市委、市政府认为，北京经济，特别是中关村科技创新示范基地要想进一步发展，必须进军国防和军队现代化建设的高科技领域，赶超国外高新技术研发浪潮。因此，北京市委、市政府把推进军民融合发展作为推动北京经济社会发展的重要战略支点，陆续与军委总、各军兵种、各军工集团总部签订了军民融合发展战略合作协定，把军队现代化的需求和军队需要解决的问题作为推动北京经济转型升级的突破口。此后，海军提出了共建创新园，第二炮兵提出了需要北京市解决的17个关键问题。

军队的主动参与，给军民融合发展带来了勃勃生机，撬动了国民经济各领域，给各行业参与国防和军队现代化建设打开了大门。2013年5月，中国科协在贵阳

* 本文作者：张嘉国，中船重工经济研究中心首席研究员。

召开的第 15 届年会上，专门举办了“军民融合发展论坛”，收到了数十篇论文。随后，一些民间机构陆续组织了一些论坛，专家学者们纷纷献计献策。基本形成了共识：没有军队参与的军民融合，是没有根基的；没有全民参与的军民融合，是没有生命力的；没有国家主导的军民融合，是没有保障的；军民融合是一篇大文章，也是一个大市场。归纳起来会议形成的主要观点是：

关于军民融合发展的目的。一些长期研究军民融合发展的专家认为，军民融合发展是和平时期国防和军队现代化建设的大战略，解决的是和平时期国防建设和经济建设协调发展，国防和军队现代化建设与国家经济实力相统一的大问题，是人民战争思想在新的历史条件下的重大创新。

关于军民融合发展的主体。专家们认为，国防建设的重要承担者是军队，军民融合的主体是军队，国防和军队现代化建设的需求，是军民融合发展的根本动力。国防科技工业的军民融合，最根本的是推进军工技术转民用，发展壮大军工企业自身，积蓄以民养军、军民相互促进的正能量。

关于军民融合发展的重要领域问题。一些专家认为，习近平同志指出的基础设施和重要领域，应包含军队的战场建设、作战指挥、政治工作、武器装备、后勤保障等核心领域。比如在作战指挥领域，信息化条件下指挥作战，是一个统筹考虑，综合指挥的问题，比如舆论战、心理战、政治战、间谍战、策反站等多种方式，都应纳入作战指挥的统一考虑之中，是谓：“运用之妙，存乎一心。”这就需要在平时贯彻军民融合发展的方针，与相关部门互联互通，默契配合，才能在战时发挥最大的效益。

关于军民融合发展的市场问题。一些专家指出，就军队的采购量而言，满足不了军工集团公司现有的科研生产能力，军品产值占国防科技工业总产值的比例较低，竞争异常激烈。但如果把基础设施建设、预设战场建设，以及各个作战区域的综合保障纳入军民融合发展的战略中，必将创造一个为各类企业创造大显身手的舞台。

关于军民融合发展的功能问题。一些专家认为，军民融合发展的过程，实际上就是一个战争准备的过程。忘记这个核心和本质,军民融合发展就有可能走偏方向。

关于军民融合发展的军事效益和经济效益问题。一些专家指出,现在的军民融合,是发挥资源配置决定性作用基础上的军民融合,不是指令性计划。军民融合发展的成果,利用在军事上,表现为军事和作战效益,表现在地方和企业,则为经济效益,两者互为表里,互相促进。

(原载于《国防科技工业》2014 年第 3 期)

党的十八大以来的中国新外交*

近年来，随着中国综合国力和国际影响力的壮大，中国外交面临的国际国内压力均在上升，国内外舆论也都高度关注中国外交的走向，围绕要不要改变不结盟原则、要不要调整不干涉政策，以及如何处理复杂的海洋争端、岛屿主权争端和经济贸易争端等问题，国内外学界掀起了一场热烈的讨论。① 党的十八大以来，以习近平为总书记的中央领导集体，面对复杂变化的国际国内局势，坚持内政和外交有机统一、中国特色与时代特征融为一体，善于从战略高度和全局视野，致力于谋划布局，开创新局，不断推进外交理论的改革创新，引起了国内外热烈讨论，中国特色外交理论进入了创新驱动的发展轨道，为中国改革开放创造了良好的国际环境。

* 本文作者：赵可金，清华大学国际关系学系副教授。

① 阎学通：《权力中心转移与国际体系转变》，《当代亚太》2012 年第 6 期，第 4 - 21 页；孙德刚：《论新时期中国的准联盟外交》，《世界经济与政治》2012 年第 3 期，第 57 - 81 页；阎学通：《俄罗斯可靠吗》，《国际经济评论》2012 年第 3 期；阎学通：《中俄战略关系最具实质意义》，http://www.21ccom.net/articles/qqsw/zlwj/article_2013040380495.html；张文木：《中俄结盟的限度、目标和意义》，《社会观察》2012 年第 3 期；赵华胜：《"中俄结盟"为何缺乏现实可行性——基于两国关系历史和现实的考量》，《人民论坛·学术前沿》2013 年第 5 期；王逸舟：《创造性介入：中国外交新取向》，北京大学出版社 2011 年版，第 83 - 148 页。

一、中国外交指导思想

在中国领导人的诸多阐述中,“中国梦”成为最具全局性和统率力的核心关键词。2012 年 11 月 29 日,中共中央总书记习近平带领新一届中央领导集体参观中国国家博物馆“复兴之路”展览现场,明确提出,“实现伟大复兴就是中华民族近代以来最伟大梦想”,而且满怀信心地表示这个梦想“一定能实现”,引发了各方面的热烈讨论。① 2013 年 3 月 17 日,习近平在第十二届全国人民代表大会第一次会议当选国家主席后的讲话中对“中国梦”做出了进一步的解释,“实现中华民族伟大复兴的中国梦,就是要实现国家富强、民族振兴、人民幸福”。② 同时,习近平认为,实现“中国梦”必须走中国道路,弘扬中国精神,凝聚中国力量,将“中国梦”提升到国家发展战略全局的高度,成为新时期中国治国方略的核心理念。此后,习近平在多个场合从不同角度阐述“中国梦”的内涵,强调中国梦是“民族的梦”,也是“每个中国人的梦”,“要实现的中国梦,不仅造福中国人民,而且造福各国人民”。③ 显然,“中国梦”已经成为新时期统筹国际国内大局的关键,成为中国外交必须紧紧围绕并努力贯彻落实的核心,为中国新外交的发展设定了基本轨道和前进方向。

从中华民族前途和命运的高度来看,“中国梦”意味着一种民族责任和民族使命,要求中国外交不迷信别国道路,不照搬他国理论,不盲从制度形式,始终从本国国情和实际出发,扎扎实实地推进中华民族伟大复兴的崇高事业。作为一个有着五千年文明历史的国家,中华民族“应当对于人类有较大的贡献”。④ 近代以来,中国在世界上落伍了,国家命运多舛,人民多灾多难。如何重新复兴中华民族

---

① 李斌:《习近平在参观〈复兴之路〉展览时强调,承前启后,继往开来,继续朝着中华民族伟大复兴目标奋勇前进》,新华网,2012 年 11 月 29 日。

② 习近平:《在第十二届全国人民代表大会第一次会议上的讲话》,《人民日报》2013 年 3 月 18 日。

③ 习近平:《顺应时代前进潮流,促进世界和平发展》,《人民日报》2013 年 3 月 24 日。

④ 毛泽东:《纪念孙中山先生》,《人民日报》1981 年 10 月 8 日。

的活力,是几代人的夙愿。2012 年 11 月 15 日,习近平总书记在新一届政治局常委与中外记者见面会上,将全面建成小康社会提升到民族责任的高度,强调“我们的责任,就是要团结带领全党全国各族人民,接过历史的接力棒,继续为实现中华民族伟大复兴而努力奋斗,使中华民族更加坚强有力地自立于世界民族之林,为人类作出新的更大的贡献”。① 因此,要想真正理解“中国梦”的内涵,不是通过与“美国梦”的比较来理解,而是从中华民族的前途和命运高度来理解,实现中华民族伟大复兴,是重新焕发中华民族的内在活力,实现国家富强、民族振兴和人民幸福,它是一种着眼于解决中华民族发展道路问题的战略方案,要求中国首先解决好自身存在的问题,在世界舞台上争做强大国家,进而为人类做出更大的贡献。

从中国发展道路来看,在全球化时代实现“中国梦”,必须坚定不移地走和平发展道路,奉行互利共赢的开放战略,“弘扬平等互信、包容互鉴和合作共赢的精神,共同维护国际公平正义”。② 习近平在 2013 年 1 月 28 日出席中共中央政治局第三次集体学习时强调,走和平发展道路,是我们党根据时代发展潮流和我国根本利益作出的战略抉择。③ “中国的发展离不开世界”,身处全球化时代,中国的发展已经与全球发展紧紧联系在一起,实现中华民族的伟大复兴不可能依靠走殖民扩张和冲突战争的老路,也不能固守自私自利、损人利己和你输我赢的零和思维,而是要确立平等互信、包容互鉴、合作共赢的新国际关系精神。中国不仅自己坚持走和平发展道路,而且也致力于维护世界和平与发展,推动整个世界走和平发展道路。2012 年 7 月,在清华大学举行的“世界和平论坛”上习近平指出,一个国家要谋求自身发展,必须也让别人发展;要谋求自身安全,必须也让别人安全;

① 《习近平在十八届中共中央政治局常委同中外记者见面时强调:人民对美好生活的向往就是我们的奋斗目标》,《人民日报》2012 年 11 月 16 日。

② 胡锦涛:《坚定不移沿着中国特色社会主义道路前进,为全面建成小康社会而奋斗》,人民出版社 2012 年版。

③ 《习近平在中共中央政治局第三次集体学习时强调更好统筹国内国际两个大局,夯实走和平发展道路的基础》,新华网,2013 年 1 月 29 日。

要谋求自己过得好,必须也让别人过得好。① 因此,“中国梦”坚持走和平发展道路,对内求发展,求和谐,对外就和平,求共赢,将是中国较长一段时期内中国和平发展道路的核心。“中国梦”对他国、对世界绝不是挑战和威胁,而是机遇和贡献,中国越发展,对世界和平与发展就越有利。

从中国经济和社会发展的阶段性战略来看,“中国梦”有着明确的战略设计,要求在不同时期内锁定特定的目标任务。关于中国未来的发展目标,党的十八大提出了“两个一百年”的奋斗目标,即在中国共产党成立一百年时全面建成小康社会,在新中国成立一百年时建成富强民主文明和谐的社会主义现代化国家。“中国梦”是与“两个一百年”目标紧密结合在一起的,是中国阶段性发展战略的选择。在“两个一百年”目标的指引下,十八大提出了到 2020 年“如期全面建成小康社会”和“全面深化改革开放”的具体任务目标,特别是明确要求到 2020 年实现国内生产总值和城乡居民人均收入比 2010 年翻一番。要想实现“如期全面建成小康社会”的奋斗目标,任务非常艰巨,特别是改革开放进入深水区,既涉及艰巨的经济建设任务,又涉及复杂的社会政治关系,其难度可想而知。党的十八届三中全会进一步明确了全面深化改革的路线图,具体涉及 15 个方面、60 条内容,推出近 300 项比较大的改革举措,在此背景下如何继续为改革发展保驾护航是未来中国外交的一项重要任务。

因此,在内外关系上,“中国梦”的重要思想强调内重外轻,在较长一段时期内的战略是“内政优先”,中国国内事务将牵扯中国外交很大一部分时间和精力,集中精力深化改革,解决好中国发展过程中面临的各种复杂问题是中国战略的中心任务。因此,“中国梦”是一个和平梦和发展梦,而不是战争梦和争霸梦,其重心是推进国内现代化建设,维护和巩固中国和平发展的势头,而不是在国际上纵横捭阖,与主要战略力量博弈领导权,所谓的“中国威胁论”是无稽之谈,中国不仅没有兴趣与世界强国一决雌雄,而且也没有精力和时间在国际事务上称王称霸。

---

① 习近平:《携手合作,共同维护世界和平与安全——在世界和平论坛开幕式上的致辞》,新华社,2012 年 7 月 7 日。

二、新外交特色之一:加强顶层设计

顶层设计(Dome Design)最初是一个工程学概念,统筹考虑项目各层次和各要素,追根溯源,统揽全局,在最高层次上寻求问题的解决之道。“不谋万世者,不足谋一时;不谋全局者,不足谋一域”。习近平多次强调,要从顶层设计角度对中长期对外工作做出战略规划,党的十八届三中全会提出建立国家安全委员会,这是加强顶层设计的一项战略性举措。十八大以来,中央领导集体科学运筹新局,通过一系列重大外交行动,将大国、周边、发展中国家、多边等工作密切结合起来,为运筹中长期外交整体布局奠定了良好基础。具体来说,包括三个方面。

(一)明确大国外交的战略布局

近年来,随着中国成为第二经济大国,中国与世界关系发生了历史性变化,要求中国战略布局进行适度调整和重组。针对国际国内形势的变化,以习近平为总书记的党中央领导集体观大势、谋大事,加强顶层设计和战略谋划,提出了实现中华民族伟大复兴“中国梦”的重要思想,明确了“两个一百年”的奋斗目标与坚持走和平发展道路的总体对外战略,制定了“三国一圈四面旗帜”的战略布局。所谓三国,就是运筹好中俄全面战略协作伙伴关系、中美新型大国关系和妥善处理好中日关系,夯实中国外交的大国关系基础,提出发展新型大国关系的重要思想,为运筹大国关系指明了发展方向。所谓一圈,就是全力稳定和拓展周边睦邻友好关系,推进与周边国家的互联互通,努力使自身发展更好惠及周边国家。所谓四面旗帜,就是高举和平、发展、合作、共赢四面旗帜,加大与发展中国家的友好互利合作,发挥负责任大国作用,推动国际秩序朝着更加公正合理的方向发展。在上述战略布局指引下,习近平、李克强等中央领导人通过一系列重大外交行动,将大国、周边、发展中国家和多边等工作统一起来,为运筹和开辟中长期大国外交的战略布局奠定了坚实基础。

(二)锁定中国外交的战略重心

随着中国地区影响力的上升和美国亚洲再平衡战略的实施,中国面临来自内外的战略压力迅速上升,周边地区对中国对外战略的重要性进一步提升,经略周边日益成为中国战略的重心,决定着中国和平发展道路的成败,特别是如何运筹好中俄、中美、中日关系,为中国周边战略强基固本是经略周边的核心问题。2013年10月24日,中央召开了周边边外交座谈会,提出了周边外交的战略目标、基本方针和外交理念,提出用立体、多元和跨越时空的视角来观察周边,大力推进周边命运共同体建设。在东北亚地区,运筹好六方会谈与FTA战略,打开东北亚和平之窗。在东南地区,推进"21世纪海上丝绸之路"建设和妥善处理南中国海争端,共建东南亚发展之海。在南亚地区,加强中俄印合作机制与推进泛南亚地区合作,打造南亚合作之山。在中亚地区,加强上海合作组织和推进"丝绸之路经济带",共建共赢之路。尤其是东南亚地区,将成为中国经略周边的重中之重,具有牵一发而动全身的效果,中国—东盟命运共同体、中印缅孟经济走廊、中巴经济走廊、2 +7 合作框架、亚洲基础设施投资银行、泛亚铁路等一些重大倡议,引发国际社会强烈反响和讨论。

(三)设计领导外交的体制机制

党管外交和外事无小事历来是新中国外交的首要原则,随着全球化的发展,中国社会各个领域均在对外开放中建立起了复杂的联系网络,非外交部门的外交职能也在迅速成长,如何统筹国际和国内两个大局,充分调动和释放各方面的积极性和创造力,确立一盘棋的体制机制,确保中央对外战略意图得到贯彻和实现,成为新时期中国外交顶层设计的重要成部分。2013年以来,中央加强了外事领导体制和机制,出台了一系列规章制度,着眼于建立内外兼顾、通盘筹划、统一指挥、统筹实施的国家安全委员会,要求中央和地方、政府和民间、涉外各部门牢固树立外交一盘棋意识,各司其职,形成合力,有力改进和加强了中央对外事工作的集中统一领导和统筹协调。此外,还着力推动加强外交体制机制的顶层设计与国家整体顶层设计之间的协同,将外交制度与政府制度、财税制度、金融制度和企业制度改革相配套,建立与全球化发展相适应的体制机制。

三、新外交特色之二:搞好策略运筹

策略是为实现战略任务所采取的方式、方法和具体措施。习近平强调,要想将顶层设计的国家纲领和战略规划贯彻落实,离不开在对外政策的具体执行环节顺势而为,根据国内外形势的复杂变化,及时制定正确的政策与策略。策略运筹的成熟与否,直接决定着外交战略的成败。

(一)搞好策略运筹,要稳得住

作为经济体量居世界第二的庞大经济体,克服内外压力最关键的是稳定国内外的信心。信心动摇,后果不堪设想。李克强在夏季达沃斯论坛上强调,增强战略定力,保持宏观政策的稳定,所有政策应有章可循,有规可守,切忌朝令夕改,进退失据。作为一个大国经济体,庞大的市场份额决定了难以获得中小经济体的灵活度,它只有直面自身存在的深层结构性问题,保持定力,精准发力,努力解决发展中存在的战略性难题,才能把控全局,掌握乾坤。一句话,大国需要有独立的判断和从容的心态,不能人云亦云,盲目行事。

当然,作为一个广受关注的新兴大国,必定会面临许多可以预料和无法预料的风险和挑战,一切外部力量也会采取各种办法对中国施加更多的限制和压力。面对这些压力,中国最需要的是沉稳的心态,要冷静观察,从容不迫,一时看不清的矛盾和问题要慢慢来,不要着急,须知只要中国自身不出问题,任何外部力量都奈何不了中国。同时,在积极推动经济转型升级的过程中,中国在世界经济和国际事务中所发挥的作用日益增大,中国必须在创新驱动中有所担当,积极参与国际治理,提供更多的国际公共产品,为世界经济繁荣做出更大的贡献,积极塑造中国负责任大国的角色。

(二)搞好策略运筹,更要分得清

正所谓“治大国如烹小鲜”,大国在决策和执行过程中,要分得清轻重缓急和主次顺序,重要的不是搞清楚每一件事情本身,而是弄清楚每做一件事情可能产生的战略影响。大国的战略影响力虽然受制于拥有资源的多少,但更重要的是对资源的战略规划。对中国友好的国家,中国要加倍友好,对中国不好的国家,中国也要有所区别。只有做到亲疏有别,才能真正搞好外交策略运筹。特别是当遭遇外交冲突而引发热点时,究竟采取强硬的"针尖对麦芒"的"危机边缘策略",还是采取软着陆的温和方式,是衡量策略艺术的一个重要指标。当然,至于是否采用明确的结盟方式,还要视情况而定,但规划主次分明的战略优先次序,是大国策略运筹不可缺失的重要内容。

四、新外交特色之三:坚持底线思维

一个国家越具有国际影响力,面对各种明枪暗箭式的战略考验越大,越要求其外交具有底线思维。习近平强调,在处理任何问题的时候,既要争取事情向好的方向发展,又要做好最坏的打算。随着中国经济的持续发展和壮大,不仅中国对国际社会的战略影响力在上升,国际社会对中国和平发展的压力也在上升,统筹国际大局和国内大局的难度在加大,几乎在任何问题上都面临着得与失的抉择,甚至不同的人在同一问题上的看法迥然有异,凝聚外交共识的难度与日俱增。因此,习近平强调,中国坚定不移走和平发展道路,但决不能放弃我们的正当利益,绝不能牺牲国家核心利益。尤其是在事关国家主权、安全和发展等核心利益问题上,中国外交必须坚守底线,敢于和善于捍卫国家利益,牢牢把控中国和平发展的大局。具体来说,需要注意三个方面。

(一)坚守原则底线

大国必须是一个有原则的国家,而且在原则问题强调信誉,言必信,行必果,这样才能有大国担当。因此,中国外交不仅要坚守原则底线,而且还要重视履约践诺的底线。尽管中国不能在外交中"输出原则",但对于挑战原则的行为必须做出明确的反应,如果其他国家挑战中国坚持的主权平等、不干涉内政等国际关系原则,中国应当动用全部资源,对此种行为施加影响,以捍卫原则的权威性。

同时,在原则问题上的坚定性,并不意味着在具体策略上没有灵活性。从外交学原理上来说,灵活性是外交的生命,外交离不开灵活性,没有灵活性就没有外交,只有在外交上具有充分的灵活性,方可掌握外交主动权,能攻善守,随机应变,这被各国外交家看作是外交的一条基本规律。周恩来总理生前经常强调,外交要静如处子,动若脱兔,就是强调原则的坚定性与策略的灵活性的辩证统一关系,离开了灵活性,就没有真正的原则性。当然,灵活性是在原则基础上的灵活性;无原则的灵活,超出原则的让步和妥协,原则上的模糊与混乱,在实践中都是极端错误的,不能允许的。

(二)培养大国心态

木秀于林,风必摧之。作为一个综合国力快速上升和社会模式独具特色的大国,受到来自各方的怀疑、批评乃至打压都是不可避免的。面对这些批评和打压,中国应该以一种大国心态冷静面对之。面对打压,从容应对,妥善处理,是做世界大国必备的心态。

同时,培养大国心态,关键是振奋民族精神,重整道统。习近平强调,意识形态工作是一项极端重要的工作,要胸怀大局、把握大势、着眼大事,找准工作切入点和着力点,做到因势而谋、应势而动、顺势而为。因此,置身于全球化时代,如何在市场化、民主化和多元化的社会发展中,如何超越不同阶层、不同民族、不同宗教、不同政党、不同意识形态的差异和隔阂,创新建设政治认同的机制,建立新的民族团结与各地方、社会群体以及具有公民身份的各民族成员对国家的认同,是一个十分重要的理论任务。中国国家认同建设的主要任务就是大力加强爱国主义,振奋民族精神,把全国各族人民团结和凝聚在中国特色社会主义伟大旗帜之下。

(三)做好两手准备

任何事情都具有两面性,既有向好的方向争取和发展的可能,也有恶化乃至失控的危险。中国要做一个负责任的大国,就必须做好两手准备。在遇到矛盾和问题的时候,既要不急不躁,积极创造条件,争取事情向积极的一面转化,通过各方面的交流与合作,促成问题得到解决。与此同时,也要做好最坏的准备,任何外国不要指望我们会吞下损害我国主权、安全、发展利益的苦果。

做好两手准备，并不意味着立即启动相关预案和计划，而是实现有备无患。坚持底线思维，意味着在处理外交事务时要贯彻主动规划、主动部署和主动调整的积极思维，在几乎所有问题上都要做好各种预案，甚至进行模拟演练，充分考虑到各种可能情况的发生。因此，对新时期的中国外交来说，既有立足于和平发展的各种计划和办法，也要有做好处理最危险情况的准备，这样才能有备无患，也才能维护和巩固中国和平发展的势头，为中国长期和平发展奠定坚实的基础。

综上所述，自党的十八大以来，中央领导集体在治国理政方面提出了实现中华民族伟大复兴的“中国梦”，引发了国内外舆论的高度关注。“中国梦”是在中国与世界关系发生历史性变化的背景下提出，其所针对的是国际国内舆论对中国未来发展走向的疑虑情绪。从外交领域来看，“中国梦”设定了今后较长一段时期中国外交的大致轨道和前进方向，已经成为新时期统率中国外交全局的核心。十八大以来，中央加强顶层设计，搞好策略运筹，坚持底线思维，在外交事务上主动谋划，积极进取，敢于担当，开创了中国外交的新局面。

（原朝于《新视野》2014 年第 2 期）

党的十八大以来中国外交战略的继承、发展与创新*

党的十八大以来，以习近平同志为总书记的党中央，团结带领全党全国各族人民开启了改革开放和现代化建设的新征程。在治国理政新的实践中，习近平总书记发表了一系列重要讲话，提出了许多新思想新观点新论断，集中展示了我们党的治国理念和执政方略。中国外交作为党治国理政实践的重要方面，践行了中国特色大国外交理念，承担了与中国国际地位相称的国际责任，为中国全面建成小康社会营造了良好外部环境，为维护世界和平与发展做出了突出贡献。分析、研究这一时期的中国外交战略，对我们更加深刻地理解党治国理政新理念、新战略，对凝聚亿万人民合力推进实现中华民族伟大复兴的中国梦具有重要意义。

党的十八大以来，中国的外交战略继承了改革开放以来中国外交战略的基本内容，在对时代主题的判断、对外交战略目标的界定以及外交政策的选择上①都基本保持了延续性。与此同时，中国国家实力、国际影响力的持续提升以及国际格局的深刻变化，都深刻反映在中国的外交战略中。可以说，党的十八大以来中国外交战略在体现继承性的同时，也体现出显著的发展性和创新性特征。本文主

---

* 本文作者：陈少铭，中共中央党史研究室副研究员。

① 通常意义上讲，一个国家的外交战略主要包括该国对当时国际社会所处时代的认识和对国际格局的基本判断、对外交战略目标的界定，以及为实现外交战略而执行的外交政策等三个层次。高金钿：《国际战略学概论》，国防大学出版社 2001 年版，第 8 页；张季良：《国际关系学概论》，世界知识出版社 1989 年版，第 73 页；王家福：《国际大战略》，吉林大学出版社 1997 年版，第 1 页；李映周：《中国的新外交战略和韩中关系》，时事出版社 1997 年版，第 9 页；等等。

要从时代主题、外交目标、外交政策三个层次论述党的十八大以来中国外交战略的发展变化,以及在这一过程中体现出的鲜明特点。

一、对时代主题认识的坚持和发展

对时代主题及其发展趋势的认识和判断是最高层次的战略判断,是一个国家确立和调整外交战略首先要解决的问题,也是其观察和处理国际问题的出发点和立足点。

新中国成立后相当长一个时期内,我们党坚持了战争与革命的时代主题认识,认为世界大战不仅不可避免,而且迫在眉睫①。因此,中国的外交战略体现出较为明显的意识形态色彩,着重点主要放在维护国家安全上。为此,中国几乎动用所有的国家战略资源来实现这一目标。发展经济虽然在国家决策层的意识中占有重要位置,但客观的安全需要使得这一目标在大部分时间未能成为国家的中心工作。甚至到了改革开放前夕,党仍然维持着战争与革命的时代主题判断,坚持认为:"国家要独立,民族要解放,人民要革命,是国际形势的主流,是任何力量也阻挡不了的"②。党的十一届三中全会开启了中国改革开放的历史新时期,完成了党和国家工作重心的转移。随着中国与世界交流、合作的不断加深,党对时代主题的认识和判断也在悄然发生着变化,"许多老的概念、老的公式已不能反映现实,过去老的战略规定也不符合现实了"③。在对国内和国际大局综合研判的基础上,党的十二大明确提出了"世界和平是有可能维护的"④这一基本论断,实现了党对时代主题认识和判断的根本性转变,并据此开始逐渐调整中国的外交战略。党的十三大首次明确提出"和平与发展"是世界的两大主题,正式确立了和平

① 《邓小平文选》第3卷,人民出版社1993年版,第127页。
② 华国锋:《在中国共产党第十一次全国代表大会上的政治报告》,《人民日报》1977年8月23日。
③ 《邓小平思想年谱(1975—1997)》,中央文献出版社1998年版,第40页。
④ 胡耀邦:《全面开创社会主义现代化建设的新局面——在中国共产党第十二次全国代表大会上的报告》,《人民日报》1982年9月8日。

与发展是时代主题的新认识。在此后的20多年中,江泽民、胡锦涛两代领导人根据国际形势的大发展、大变革、大调整,明确提出和平与发展已成为时代的主潮流,并不断丰富和发展这一认识和判断。对和平与发展时代主题的认识和判断是改革开放以来党确立和调整中国外交战略的依据和基石。

十八大以来,我们党继承了改革开放以来对时代主题认识和判断的主要内容,认为当今世界的主题仍然是和平与发展。党的十八大报告指出:“和平与发展仍然是时代主题”,“国际力量对比朝着有利于维护世界和平方向发展”①。这一判断标志着党的新一届中央领导集体继承了改革开放以来对时代主题认识的基本内容,为中国确立新时期的外交战略定了调、奠了基。2013年3月23日,习近平在莫斯科国际关系学院的演讲中强调:“这个世界,和平、发展、合作、共赢成为时代潮流,旧的殖民体系土崩瓦解,冷战时期的集团对抗不复存在,任何国家或国家集团都再也无法单独主宰世界事务。”②这是习近平首次在国际场合向世界表达了中国新一届中央领导集体对时代主题的基本看法。2014年9月10日,习近平在访问塔吉克斯坦前夕,在塔新闻媒体上发表的署名文章明确指出,和平与发展依然是时代主题,“求和平、谋发展、促合作依然是各国人民共同愿望”③。11月17日,习近平在澳大利亚联邦议会的演讲中再次强调了和平与发展的时代主题,认为“当今世界的潮流只有一个,那就是和平、发展、合作、共赢”④。2015年4月22日,在亚非领导人会议上,习近平不但强调“和平、发展、合作、共赢”是时代潮流,而且更进一步指出:“各国越来越成为你中有我、我中有你的命运共同体。”⑤可见,十八大以来,党在时代主题问题上继承了改革开放后的基本认识和判断,坚

① 《中国共产党第十八次全国代表大会文件汇编》,人民出版社2012年版,第42、43页。

② 习近平:《顺应时代前进潮流促进世界和平发展——在莫斯科国际关系学院的演讲》,《人民日报》2013年3月24日。

③ 习近平:《让中塔友好像雄鹰展翅》,《人民日报》2014年9月11日。

④ 习近平:《携手追寻中澳发展梦想并肩实现地区繁荣稳定——在澳大利亚联邦议会的演讲》,《人民日报》2014年11月18日。

⑤ 习近平:《弘扬万隆精神推进合作共赢——在亚非领导人会议上的讲话》,《人民日报》2015年4月23日。

持了和平与发展是时代主题的认识，并在不同场合、以不同形式向国际社会强调了这一基本认识和判断。

党在坚持和平与发展的时代主题判断、对世界局势保持乐观态度的同时，也认识到“要充分估计国际矛盾和斗争的尖锐性”①，“世界仍然很不安宁”②，表达了强烈的忧患意识。2012 年 12 月 27 日，即党的十八大结束后不久，习近平在会见第六十七届联合国大会主席耶雷米奇时指出：“世界大势总体稳定，但各种问题和挑战层出不穷。”③2014 年 11 月 28 日中央召开的外事工作会议对国际局势的总体看法是，“要充分估计国际格局发展演变的复杂性”④，表达了对影响和平与发展因素的深深忧虑。2015 年 4 月 22 日，在亚非领导人会议上，习近平在强调和平与发展是时代主题，和平、发展、合作、共赢是时代潮流的同时，列举了和平与发展的诸多挑战：“局部动荡此起彼伏，恐怖主义、重大传染性疾病等全球性问题不断增多，南北差距依然悬殊，亚非国家的主权安全、团结合作、共同发展依然面临不少困难和挑战”⑤。可以看出，党对时代主题和世界局势的看法符合马克思主义唯物辩证法，即事物是既对立又统一的矛盾体：在看到和平与发展是时代主题和世界潮流的同时，也看到维护世界和平与发展的艰难和曲折，既有战略的坚定性，也看到在实现目标的实践过程中的复杂性和曲折性。

在和平与发展的时代主题判断下，如何维护、实现这一主题是党认真思考的重大战略问题，而实现“合作共赢”是这一思考的结果，也是对和平与发展时代主题认识的进一步深化。十八大提出的“高举和平、发展、合作、共赢的旗帜”⑥是党提出的维护世界和平与发展、克服不安宁因素的主要途径，也是继党的十七大提

① 《中央外事工作会议在京举行》，《人民日报》2014 年 11 月 30 日。

② 《中国共产党第十八次全国代表大会文件汇编》，第 43 页。

③ 《习近平会见联合国大会主席时主张各国携手实现世界和平发展、合作共赢、公平正义》，《人民日报》2012 年 12 月 28 日。

④ 《中央外事工作会议在京举行》，《人民日报》2014 年 11 月 30 日。

⑤ 习近平：《弘扬万隆精神推进合作共赢——在亚非领导人会议上的讲话》，《人民日报》2015 年 4 月 23 日。

⑥ 《中国共产党第十八次全国代表大会文件汇编》，第 44 页。

出“高举和平、发展、合作的旗帜”后，党代会报告中首次增加“共赢”这一表述。从“合作发展”到“合作共赢”，表明党对时代潮流的认识和把握更全面更深刻，进一步丰富和充实了党对时代主题的认识和判断。实践证明，这一外交理念契合了时代潮流，把握住了时代方向，因而赢得了较为广泛的外交赞誉，取得了丰硕的成果。此后，中国领导人利用不同外交场合向国际社会宣示这一理念。2012 年 12 月 27 日，习近平在会见第六十七届联合国大会主席耶雷米奇时指出，中国“推动实现世界和平发展、合作共赢、公平正义”①，向国际社会明确表达了中国要与世界各国实现“共赢”而非“零和”的基本理念。此后，习近平在出访中，尤其是访问发展中国家时，多次强调这一理念。2013 年 3 月 27 日，习近平在出席金砖国家领导人第五次会晤时发表的主旨讲话指出：“不管国际风云如何变幻，我们都要始终坚持和平发展、合作共赢，要和平不要战争，要合作不要对抗”，“我们要深化互利合作、谋求互利共赢”②。3 月 29 日，习近平在刚果共和国议会的演讲中指出：“中国将继续高举和平、发展、合作、共赢的旗帜，坚定不移致力于维护世界和平、促进共同发展。”③6 月 5 日，习近平在墨西哥参议院的演讲中指出：“在发展进程中，中国将继续高举和平、发展、合作、共赢的旗帜，坚持改革开放，促进共同发展，努力给世界带来更多机遇。”④可见，我们党不仅坚持了和平与发展是时代主题的认识和判断，而且认识到要维护好、发展好这一时代主题，必须要坚持合作、共赢，在相互的合作中取得共同的发展进步，从而实现世界的和平与发展。

---

① 《习近平会见联合国大会主席时主张各国携手实现世界和平发展、合作共赢、公平正义》，《人民日报》2012 年 12 月 28 日。

② 习近平：《携手合作共同发展——在金砖国家领导人第五次会晤时的主旨讲话》，《人民日报》2013 年 3 月 28 日。

③ 习近平：《共同谱写中非人民友谊新篇章——在刚果共和国议会的演讲》，《人民日报》2013 年 3 月 30 日。

④ 习近平：《促进共同发展共创美好未来——在墨西哥参议院的演讲》，《人民日报》2013 年 6 月 7 日。

二、对外交战略目标的拓展和深化

外交战略目标,是一个国家通过自己的外交努力力争达到的最终境地,是外交战略要围绕和服务的基本对象。

新中国成立至改革开放前,在革命与战争的时代主题判断下,中国外交战略的目标是"贯彻毛主席的革命路线","使整个人类都得到解放"①,带有浓厚的意识形态色彩,安全上的需要迫使中国不得不以主要精力应付来自外部的威胁。改革开放以来,全党全国"工作的重点转到建设四个现代化上来"②。中国外交战略的首要任务"就是争取和平,为社会主义现代化建设服务"③。30 多年来,为经济建设创造一个良好的外部环境一直是中国外交战略追求的首要目标。

对时代主题、世界格局的判断不同,外交战略的目标就会不同;国家实力及国际影响力发生变化,外交战略目标也会随之调整。党的十八大以来,随着中国经济实力的提升和国际影响力的不断增强,中国外交所要追求的目标也发生了深刻变化。2013 年 1 月,习近平在中央政治局第三次集体学习时强调,要更好地统筹国内国际两个大局,夯实走和平发展道路的基础。10 月 26 日,在周边外交工作座谈会上,习近平再次强调:"做好外交工作,胸中要装着国内国际两个大局,国内大局就是'两个一百年'奋斗目标,实现中华民族伟大复兴的中国梦;国际大局就是为我国改革发展稳定争取良好外部条件,维护国家主权、安全、发展利益,维护世界和平稳定、促进共同发展。"④从中可以看出,党的十八大以来,中国外交战略所要追求的目标有两个:在国内是为实现中华民族伟大复兴的中国梦服务;在国际上是为改革发展稳定创造良好的外部条件。与改革开放以来围绕经济建设开展

---

① 《中国共产党第十一次全国代表大会新闻公报》,《人民日报》1977 年 8 月 21 日;《中国共产党章程》,《人民日报》1977 年 8 月 24 日。

② 《邓小平文选》第 3 卷,第 224 页。

③ 江泽民:《在纪念党的十一届三中全会召开二十周年大会上的讲话》,《人民日报》1998 年 12 月 19 日。

④ 《习近平在周边外交工作座谈会上发表重要讲话强调为我国发展争取良好周边环境推动我国发展更多惠及周边国家》,《人民日报》2013 年 10 月 26 日。

外交活动相比,中国外交战略目标的内涵和外延都发生了深刻变化。

关于国内大局,即实现中华民族伟大复兴的中国梦,是党的十八大闭幕后不久,习近平在国家博物馆参观大型展览《复兴之路》时提出来的,其核心内容是"国家富强、民族振兴、人民幸福"。在"国家富强、民族振兴"之外,"人民幸福"已成为实现中国梦的必备要件。习近平在访问美国、俄罗斯、澳大利亚等国家时不断强调这一理念,使之得到了国际社会的广泛认可。中国梦成为新时代中国外交的新理念,实现中国梦是中国外交的新任务。

关于国际大局,即为改革发展稳定创造良好外部条件,是中国改革开放以来外交战略为经济建设争取良好外部条件这一目标的拓展和深化。在国际视野下,外交战略的目标不再仅仅局限于经济建设,服务于改革和稳定也是中国外交战略的重要目标。改革是经济建设继续深化的动力,稳定则是经济建设必须具备的外部环境,在三者中,核心还是发展,即经济建设。党的十八大报告强调发展"仍是解决我国所有问题的关键"①,充分肯定了外交战略为经济建设服务所取得的巨大成就,认为中国维护了世界的和平与发展,在国际事务中的代表性和话语权进一步增强,"为改革发展争取了有利国际环境"②。2013 年 3 月 27 日,习近平在金砖国家领导人第五次会晤时的主旨讲话中也强调:"我们将继续把发展作为第一要务,把经济建设作为中心任务,继续推动国家经济社会发展。"③可见,经济建设在党和国家工作中的中心地位并没有改变,外交战略为经济建设服务的目标始终如一。

经济建设的需要推动着外交战略目标的确立和调整,而改革则为经济建设提供了源源不断的内生动力。30 多年的改革开放自始至终与国际形势的发展联系在一起,它"是党在新的时代条件下带领全国各族人民进行的新的伟大革命,是当

① 《中国共产党第十八次全国代表大会文件汇编》,第 18 页。

② 《中国共产党第十八次全国代表大会文件汇编》,第 4 页。

③ 习近平:《携手合作共同发展——在金砖国家领导人第五次会晤时的主旨讲话》,《人民日报》2013 年 3 月 28 日。

代中国最鲜明的特色”①。改革开放推动了中国社会主义市场经济和世界经济接轨，推动了中国走和平发展道路。党的十八届三中全会通过《关于全面深化改革若干重大问题的决定》，成立全面深化改革领导小组，设立了国家安全委员会，为中国在新的历史起点上继续发展吹响了号角。“依靠深化改革开放破解难题，培育发展新动能”②，是经济发展的需要，也是实现中国和平发展的基础性条件。

不管是在国内大局中还是国际大局中，中国外交战略目标有一个潜在的关键词——和平发展，这也是隐含在中国外交战略中的一条主线。中国如何实现和平崛起是党着重考虑的重大问题，也是世界各国都极为关注的问题。“把国内发展与对外开放统一起来，把中国发展与世界发展联系起来，把中国人民利益同各国人民共同利益结合起来，不断扩大同各国的互利合作，以更加积极的姿态参与国际事务，共同应对全球性挑战”③，是党在实现和平崛起过程中的基本态度和基本原则，也是中国给世界各国的庄严承诺。在外事活动中，习近平将中国和平崛起带给世界的是机遇而不是威胁的美好前景做了更加清晰的描述。2013 年 3 月，习近平在莫斯科国际关系学院发表演讲时指出：“中国发展壮大，带给世界的是更多机遇而不是什么威胁。我们要实现的中国梦，不仅造福中国人民，而且造福各国人民。”④5 月底，习近平在接受拉美三国媒体联合书面采访时指出，中国“不仅致力于中国自身发展，也强调对世界的责任和贡献；不仅造福中国人民，而且造福世界人民。实现中国梦给世界带来的是和平，不是动荡；是机遇，不是威胁”⑤。6 月 7 日，习近平在同奥巴马举行加州庄园会晤时表示，中国梦要实现国家富强、民族复兴、人民幸福，是和平、发展、合作、共赢的梦，与包括美国梦在内的世界各国人

---

① 《中共中央关于全面深化改革若干重大问题的决定》，《人民日报》2013 年 11 月 16 日。

② 《李克强在部分省（区、市）负责人经济形势座谈会上强调巩固经济基本面培育发展新动能依靠深化改革开放破解发展难题》，《人民日报》2015 年 10 月 16 日。

③ 《习近平在中共中央政治局第三次集体学习时强调更好统筹国内国际两个大局夯实走和平发展道路的基础》，《人民日报》2013 年 1 月 30 日。

④ 习近平：《顺应时代前进潮流促进世界和平发展——在莫斯科国际关系学院的演讲》，《人民日报》2013 年 3 月 24 日。

⑤ 《习近平接受拉美三国媒体联合书面采访》，《人民日报》2013 年 6 月 1 日。

民的美好梦想相通①。这就更加完整和清晰地向全世界展示了中国和平崛起的坚定决心和中国的和平崛起必将为世界带来和平和机遇的坚定信心。

在和平发展的道路上,中国如何处理与现行国际体系的关系是影响世界和平与发展的重大问题,更是世界各国尤其是中国周边国家极为关注的焦点问题。中国所要实现的是和平发展,是在遵守并不断健全完善现行国际体系的情况下,利用合作共赢的方式实现和平共处、共同发展。2015 年 9 月 3 日,在纪念中国人民抗日战争暨世界反法西斯战争胜利 70 周年大会上,习近平庄严宣告中国将裁军 30 万,彰显了中国走和平发展道路的决心,让世界看到了中国的胸怀。9 月 24 日,在中美元首会谈中习近平深刻指出:"中国是现行国际体系的参与者、建设者、贡献者,同时也是受益者。改革和完善现行国际体系,不意味着另起炉灶,而是要推动它朝着更加公正合理的方向发展。"②这一论述明确表达出中国在现行国际体系下实现和平崛起的意志和决心。9 月 28 日,在第七十届联合国大会一般性辩论时,习近平再次向世界表达了对现行国际体系的认识和中国和平发展的决心:"中国将始终做世界和平的建设者,坚定走和平发展道路,无论国际形势如何变化,无论自身如何发展,中国永不称霸、永不扩张、永不谋求势力范围。"③为此,中国积极付诸实践,设立联合国和平与发展基金,为联合国提供维和待命部队等,体现出和平发展的真实意愿。

三、对外交政策的继承和创新

外交政策,通常是指一个国家在一定的历史时期里,为实现国家外交战略所采取的方式方法。

新中国成立以来,"独立自主"与"和平"就被确定为中国外交政策的基本原

① 《习近平同奥巴马总统共同会见记者》,《人民日报》2013 年 6 月 9 日。

② 《习近平同美国总统奥巴马会晤强调增强中美战略互信,推动中美新型大国关系不断向前发展》,《人民日报》2015 年 9 月 26 日。

③ 习近平:《携手构建合作共赢新伙伴同心打造人类命运共同体——在第七十届联合国大会一般性辩论时的讲话》,《人民日报》2015 年 9 月 29 日。

则。改革开放前,中国在外交实践中始终坚持这一原则立场。但囿于当时的国际局势和国家安全环境,在战争与革命的时代主题判断下,一定时期内,这些原则有时体现得并不十分突出。改革开放以来,随着党对时代主题判断的转变和对国际局势认识的不断深化,中国外交中的独立自主与和平的原则得到充分展示,逐渐确立了独立自主的和平外交政策,并不断丰富和发展。

党的十八大以来,随着中国自身实力增强、国际影响力的不断提升以及国际局势的发展变化,党在坚持独立自主和平外交政策基本内容的同时,又加入了符合时代特征的因子,使其无论从内涵上还是外延上都发生了重大变化,既体现出继承性,又体现出创新性,表现出与时俱进的品格。

关于独立自主原则。新中国成立后,独立自主就被确定为中国外交战略的基本原则。即使在冷战环境下,中国也坚守了这一原则,并最大限度地保持了自身的独立自主。近些年来,一些学者从中国所面临的国际体系压力和区域结构性矛盾的角度出发,认为中国应该放弃不结盟政策,防止不断增大的国际压力阻碍中国实现民族复兴,“我们需要广泛结交战略利益相同的盟友,特别是有实力的国家。以此降低国际压力,为民族复兴创造一个有利的环境”①,并具体列举了中国的潜在结盟对象。在这样的国际格局和舆论环境下,党依然保持了外交定力,在不同场合、以不同方式向世界发出了不结盟仍然是中国外交战略基本原则的宣言。

2014 年 9 月,习近平在中央外事工作会议上指出,“要在坚持不结盟原则的前提下广交朋友,形成遍布全球的伙伴关系网络”②,从而形成了“结伴而不结盟”的外交原则。它包括两个层面的内涵:其一,建立伙伴关系的前提是坚持不结盟原则;其二,中国的伙伴关系网络遍布全球。结伴而不结盟是中国处理与他国关系的新思路,彰显了中国特色大国外交的独立自主本色。2015 年 9 月 28 日,习近平在第七十届联合国大会一般性辩论时的讲话再次向世界发出了中国坚持不结盟

---

① 《阎学通:中俄战略关系最具实质意义》,《国际先驱导报》2013 年 3 月 22 日。

② 《中央外事工作会议在京举行》,《人民日报》2014 年 11 月 30 日。

原则的坚定声音:“我们要在国际和区域层面建设全球伙伴关系,走出一条‘对话而不对抗,结伴而不结盟’的国与国交往新路。”①可见,党对中国应该始终坚持独立自主的外交政策清醒而坚定。这一原则也得到了国际社会的积极回应。总之,在多极化的国际背景下,在中国承受巨大安全压力的情况下,在一些学者呼吁中国放弃独立自主原则而建立结盟体系的氛围中,党清醒而坚定地认识到独立自主在中国外交战略中的基础性作用不可动摇,显示了超常的外交定力和清晰的外交思路。

关于和平原则。中国的和平发展道路是新中国成立以来特别是改革开放以来,党经过艰辛探索和不断实践逐步形成的。在长期外交实践中,中国始终高举和平的旗帜,提出和坚持了和平共处五项原则,确立和奉行了独立自主的和平外交政策,向世界做出了永远不称霸、永远不搞扩张的承诺,强调中国始终是维护世界和平的坚定力量。十八大以来,党不但坚持了和平原则,更是不断对其加以丰富和发展。2013 年 1 月 28 日,习近平在主持中央政治局第三次集体学习时强调指出,走和平发展道路,是党根据时代发展潮流和中国根本利益做出的战略抉择。实现中华民族伟大复兴的中国梦的奋斗目标,“必须有和平国际环境。没有和平,中国和世界都不可能顺利发展;没有发展,中国和世界也不可能有持久和平”。②2014 年 3 月 27 日,在中法建交 50 周年纪念大会上,习近平对和平在实现中国外交战略目标中的重要作用进行了阐述,深刻指出:“近代以来,中华民族最大的梦想就是实现中华民族伟大复兴。”“中国梦需要和平,只有和平才能实现梦想。天下太平、共享大同是中华民族绵延数千年的理想。”③可以说,中国梦是“中国坚持走和平发展道路重要思想在新时期的继承和发展”④。11 月 17 日,习近平在澳大

① 习近平:《携手构建合作共赢新伙伴同心打造人类命运共同体——在第七十届联合国大会一般性辩论时的讲话》,《人民日报》2015 年 9 月 29 日。

② 《习近平在中共中央政治局第三次集体学习时强调更好统筹国内国际两个大局夯实走和平发展道路的基础》,《人民日报》2013 年 1 月 30 日。

③ 习近平:《在中法建交 50 周年纪念大会上的讲话》,《人民日报》2014 年 3 月 29 日。

④ 杨洁篪:《新形势下中国外交理论和实践创新》,《求是》2013 年第 16 期。

利亚联邦议会发表演讲时指出,中国坚持和平发展的决心不会动摇①。由此可见,中国走和平发展道路,不是权宜之计,而是从历史、现实、未来的客观判断中得出的结论,“被实践证明是走得通的道路”②。

那么在新的历史时期,中国如何走独立自主的和平发展道路呢?习近平在讲话中给出了清晰而明确的答案:“和平发展道路能不能走得通,很大程度上要看我们能不能把世界的机遇转变为中国的机遇,把中国的机遇转变为世界的机遇”③。把世界的机遇转变为中国的机遇,把中国的机遇转变为世界的机遇,走互利共赢之路就是中国走和平发展道路的基本理念。在处理国际和地区事务时,根据事情本身的是非曲直决定立场和政策,说公道话,办公道事;坚持不干涉别国内政的原则,坚持尊重各国人民自主选择的发展道路和社会制度,坚持通过对话协商以和平方式解决国家间的分歧和争端,反对动辄诉诸武力或以武力相威胁④;坚持平等民主、兼容并蓄,尊重文明多样性⑤;遵循联合国宪章宗旨和原则,坚持国家不分大小、强弱、贫富一律平等,推动国际关系民主化,推动人类文明进步⑥;加强全球治理,推进全球治理变革;等等。这些都是中国走和平发展道路的基本方式、方法,也是符合国际潮流和时代主题的主张。

中国走独立自主的和平外交政策不是仅停留在原则上,而是落实到具体行动上。例如,2013 年中国与有关国家倡导的“一带一路”构想,经过充实完善,在党的十八届三中全会上正式成为国家战略。建设“一带一路”是我们党主动应对全球形势深刻变化、统筹国内国际两个大局做出的重大战略决策,对推进中国新一

---

① 习近平:《携手追寻中澳发展梦想并肩实现地区繁荣稳定——在澳大利亚联邦议会的演讲》,《人民日报》2014 年 11 月 18 日。

② 习近平:《在德国科尔伯基金会的演讲》,《人民日报》2014 年 3 月 30 日。

③ 《习近平在中共中央政治局第三次集体学习时强调更好统筹国内国际两个大局夯实走和平发展道路的基础》,《人民日报》2013 年 1 月 30 日。

④ 《中央外事工作会议在京举行》,《人民日报》2014 年 11 月 30 日。

⑤ 习近平:《携手合作共同发展——在金砖国家领导人第五次会晤时的主旨讲话》,《人民日报》2013 年 3 月 28 日。

⑥ 习近平:《共同谱写中非人民友谊新篇章——在刚果共和国议会的演讲》,《人民日报》2013 年 3 月 30 日。

轮对外开放和沿线国家共同发展意义重大,它不仅是助推实现中华民族伟大复兴中国梦的战略构想,更是沿线各国的共同事业,有利于将政治互信、地缘毗邻、经济互补等优势转化为务实合作、持续增长的优势。又如,中国主导创办的亚洲基础设施投资银行是对现有国际金融机制的一种有益补充,是中国对现有国际金融体系的健全和完善,得到了包括西方大国在内的广大国家的欢迎和支持等等。这些具体措施是为中国的和平崛起服务的,更体现出中国坚持合作共赢的理念和坚定不移地走和平发展道路的决心。

当然,随着全球化进程的不断深入,国家利益的多元化不断增强,中国外交面临着越来越大的压力,维护和巩固中国发展势头与推进经济发展的阻力也在加强,中国寻求和平发展的难度在加大①。承受压力和化解压力逐渐成为新时期中国外交的一个重要特征。中国在和平发展中如何实现自身利益,如何在和平发展的过程中处理好与他国的关系,也就是说当利益受到威胁时,中国是否还坚持和平发展战略,成为世界舆论关注的焦点。一些国家试图将此作为挑战中国国家利益的"试金石",不断试探中国维护核心利益的意志、能力和底线。如果中国做出反应,就散布"中国威胁论",给中国外交造成压力,阻碍中国的和平发展。十八大以来,党在对外场合多次强调守底线原则,展示出中国在保持世界和平与发展前提下维护自身利益的坚定决心。党的十八大报告指出:"坚决维护国家主权、安全、发展利益,决不会屈服于任何外来压力。"②习近平在多个外交场合明确表示,中国坚持走和平发展道路,决不放弃正当权益,决不牺牲国家核心利益。不会拿自己的核心利益做交易,不会吞下损害我国主权、安全、发展利益的苦果。③ 可见,独立自主的和平外交政策是新的历史时期中国既定的外交道路,同时,走和平发展道路并不意味着中国要以牺牲国家核心利益为代价,在和平发展道路上维护国家利益是中国外交的明确原则。明确而坚定的外交战略宣示,纠正了外界对中

---

① 赵可金:《中国外交3.0版:十八大后的中国外交新走向》,《社会科学》2013年第7期。

② 《中国共产党第十八次全国代表大会文件汇编》,第44页。

③ 《习近平在中共中央政治局第三次集体学习时强调更好统筹国内国际两个大局夯实走和平发展道路的基础》,《人民日报》2013年1月30日。

国和平发展的误读，全面展现出中国独立自主和平外交政策的基本内涵。

四、中国外交战略的新特点

我们党科学判断时代潮流，准确把握国际、国内形势的特点，以战略高度和前瞻视野推出新理念，采取新举措，展示新气象，使“新时期的中国外交更有全球视野、更有进取意识、更有开创精神”①，走出一条有中国特色的大国外交之路，体现出鲜明的时代特征。

（一）延续性与发展性的统一

党的十八大以来，中国外交战略具有一以贯之的内在逻辑，既保持了改革开放以来中国“外交大政方针延续性和稳定性”②，也呈现出与时俱进的新特点，体现出连续性、稳定性与发展性的有机统一。

从延续性方面看，十八大以来，我们党保持了改革开放以来对和平与发展时代主题的基本判断、外交为经济建设创造良好环境的外交战略目标以及独立自主的和平外交政策选择，同时呈现出很多“变”的内容，体现出发展、深化、创新性特点。时代主题方面，党在强调和平与发展仍然是时代主题的前提下，也充分估计到国际矛盾和斗争的尖锐性，提出以“合作共赢”的理念来实现世界的和平与发展；外交战略目标方面，实现中华民族伟大复兴的中国梦和为改革发展稳定创造良好的外部条件是中国外交的两个大局，体现了外交战略要为中国和平崛起创造条件的隐形主线；外交政策方面，中国仍然坚持了独立自主的和平外交政策，但加入了体现时代特征、与中国国际地位相称的时代因子，体现出中国特色大国外交新气象。

可以说，党的十八以来，中国外交从理念到实践都发生了深刻变化，凸显出外交与国内国际经济发展的密切关系，契合了和平与发展的时代主题。这是我们党从当前的国内和国际背景出发所做出的积极战略调整。这种调整既体现出延续

① 王毅：《探索中国特色大国外交之路》，《国际问题研究》2013 年第 4 期。

② 杨洁篪：《新形势下中国外交理论和实践创新》，《求是》2013 年第 16 期。

性的一面,又体现出发展性的一面,是延续性与发展性的辩证统一。正确理解中国外交战略的继承性、发展性、创新性及其之间的关系,对于我们理解和把握当前和今后中国外交战略的特点和走向具有重要意义。

(二)外交新理念与务实担当精神的统一

党的十八大报告指出:"要倡导人类命运共同体意识,在追求本国利益时兼顾他国合理关切"①。2013 年 3 月,习近平在莫斯科国际关系学院的演讲第一次将这一理念传递给世界,显示出中国对人类文明走向的高度关注和清晰判断。此后的两年多时间里,根据有关统计,习近平在谈话中有 60 多次谈到"命运共同体"。习近平对命运共同体的不断阐释,表达了中国追求和平发展的愿望,体现了中国追求建设合作共赢的新型国际关系的目标,贯穿于党治国理政尤其是统筹国内国际两个大局的全过程。构建人类命运共同体,是我们党在深刻洞察国际形势和世界格局演变大趋势的基础上,对人类社会发展进步大潮流的前瞻性思考,承载着中国对建设美好世界的崇高理想和不懈追求,"成为中国外交的又一面重要旗帜"②。

中国外交不仅有新理念,也有务实担当精神,既仰望苍穹,也脚踏实地,体现出中国知行合一的传统文化特征。中国外交战略中的"知"与"行"统一于"负责任大国"建设。党的十八大明确指出:"中国将坚持把中国人民利益同各国人民共同利益结合起来,以更加积极的姿态参与国际事务,发挥负责任大国作用,共同应对全球性挑战。"③建设"负责任的大国"展示出中国将更加积极地参与国际事务和在未来国际舞台上扮演更加重要角色的决心。在联合国的讲台上,习近平向世界宣示了中国希望并一直努力扮演的角色:"世界和平的建设者""全球发展的贡献者"和"国际秩序的维护者"。"中国将坚定不移做和平发展的实践者、共同发

① 《中国共产党第十八次全国代表大会文件汇编》,第 43 页。
② 王毅:《中国特色大国外交全面推进之年》,《人民日报》2015 年 12 月 23 日。
③ 《中国共产党第十八次全国代表大会文件汇编》,第 44 页。

展的推动者、多边贸易体制的维护者、全球经济治理的参与者。"①这显示出中国敢于担当和勇于承担更多责任的明确立场。面对国际上众多的热点和难点,中国并非采取一种置身事外的旁观者姿态,而是积极参与其中,采取负责任的态度和积极作为的姿态,发挥建设性作用。

既有外交理想,又有务实担当精神,中国特色外交战略轮廓愈加清晰。这既是我们党对改革开放以来中国外交战略内容的继承,更是对新的历史时期中国在国际格局中的地位、所追求的外交战略目标以及与国际社会互动过程客观分析、研判后的应对结果。

(三)全面布局与突出重点的统一

党的十八大以来,与全球化发展趋势相适应,中国的外交战略涉及的内容日益呈现出多领域、多层次的特点。与此相适应,党在外交战略上既全局谋划,又重点突出。

在全局谋划上,习近平一再强调中国外交要有大局观、整体观,要围绕着中国和平发展战略这个中心开展工作。党的十八大召开后不久,习近平主持召开会议,对外事工作谋篇布局,提出加强顶层设计。从构建新型大国关系到经略周边,从秉持正确义利观到捍卫核心利益,都是站在战略高度和全局角度分析和处理问题。在外交实践上,中国外交越来越体现出全方位和多支点的特征,除推进在政治、经济以及安全领域的传统外交外,公共外交和人文交流等方面的外交也全方位展开,全面推进。中国外交的内涵更加丰富,布局更加立体。

突出重点也是新时期中国外交战略的一大特色。从错综复杂的外交事务中,我们党清晰地看到中国外交的四大重点:一是周边外交。处理好与周边国家的关系一直是中国外交的首要目标。2013 年 10 月召开的新中国历史上第一次周边外交工作座谈会,中央主要领导悉数参加,体现了党对周边外交的高度重视。会议提出了处理与周边国家外交关系的新理念,反映出周边外交在中国发展大局和外

---

① 《习近平在中共中央政治局第三次集体学习时强调更好统筹国内国际两个大局夯实走和平发展道路的基础》,《人民日报》2013 年 1 月 30 日。

交全局中的重要作用①。二是与发展中国家的关系。作为一个发展中大国,处理好与发展中国家的关系是中国外交的基石。在 2014 年 11 月召开的外事工作会议上,习近平提出“切实加强同发展中国家的团结合作,把我国发展与广大发展中国家共同发展紧密联系起来”②,延续了中国重视与发展中国家关系的传统。三是与大国的关系。处理好与大国之间的关系是中国外交的关键。在大国关系上,党的十八大提出推动建立长期稳定健康发展的新型大国关系的目标和任务③。其特点是加强高层交往、深化战略对话、拓展务实合作、促进利益融合④,但也因对象各异而体现为不同的战略,比如中美之间是增强战略互信,中俄之间是增强战略互补,中欧之间是加强战略互动等等。四是推进多边外交。多边外交是中国参与国际事务、发挥大国作用的重要舞台。中国通过参与二十国集团峰会、金砖国家峰会、亚信峰会、东盟系列峰会、上海合作组织元首会、核安全峰会等多边外交,为维护国际、地区和平稳定做出了积极贡献,也推动了中国发挥与自身国情和国家利益相适应作用的负责任大国建设。

综上所述,从十八以来我们党对时代主题的判断、外交战略目标的界定以及外交政策的选择可以看出,中国外交战略中体现出的新特点既是中国综合国力大幅度提升的结果,更是与我们党提出的“两个一百年”和中华民族伟大复兴中国梦奋斗目标良性互动的结果,当然也体现出党的领导人的个人风格和特点,具有鲜明的时代特征和清晰的中国特色大国外交脉络。

(原载于《中共党史研究》2016 年第 1 期)

---

① 《习近平在周边外交工作座谈会上发表重要讲话强调为我国发展争取良好周边环境推动我国发展更多惠及周边国家》,《人民日报》2013 年 10 月 26 日。

② 《中央外事工作会议在京举行》,《人民日报》2014 年 11 月 30 日。

③ 《中国共产党第十八次全国代表大会文件汇编》,第 44 页。

④ 王毅:《坚定不移走和平发展道路为实现中华民族伟大复兴营造良好国际环境》,《人民日报》2013 年 11 月 22 日。

继承与发展:向世界准确阐释“正确义利观”*

2015 年 4 月 22 日,习近平在亚非领导人会议上讲道:“中华民族是一个爱好和平的民族,历来崇尚‘和为贵’。中国将坚持走和平发展道路,坚持独立自主的和平外交政策,坚持奉行互利共赢的开放战略,坚持正确义利观,在和平共处五项原则基础上发展同各国的友好合作,始终做维护世界和平、促进共同发展的坚定力量。”再次谈到坚持正确义利观的外交理念。党的十八大以来,习近平在涉及国际关系和外交问题时多次讲到义利观问题:“秉持公道正义,坚持平等相待”;“只有义利兼顾才能义利兼得,只有义利平衡才能义利共赢”;“义,反映的是我们的一个理念,共产党人、社会主义国家的理念。……我们希望全世界共同发展,特别是希望广大发展中国家加快发展。利,就是要恪守互利共赢原则,不搞我赢你输,要实现双赢。我们有义务对贫穷的国家给予力所能及的帮助,有时甚至要重义轻利、舍利取义,绝不能唯利是图、斤斤计较。”这些论断构成了习近平关于在外交工作中坚持正确义利观的重要思想。这个思想包含和提升了中国传统优秀的义利观思想,继承和创新了新中国成立以来的外交主张,在把二者有机融合的过程中创新性地提出了负责任的社会主义大国的新型外交理念。

“正确义利观”是中国传统义利观的提升和拓展

义利之辨同义理之辨、道器之辨等一样,历来是中国传统文化的一个核心问

* 本文作者:金民卿,中国社会科学院马克思主义研究院研究员、博士生导师。

题,从春秋战国时期开始,如何正确处理义和利的关系就一直是不停探索的话题。

春秋战国时期,儒家、墨家、法家等都对义利关系进行论述,形成了丰富的义利观思想。儒家学派提倡重义轻利、先义后利。孔子讲道:"君子喻于义,小人喻于利","君子义以为上";孟子谈道:"生亦我所欲也,义亦我所欲也;二者不可得兼,舍生而取义者也。"高度强调义的重要性,坚持先义后利、见利思义。当然,儒家学派并不只强调"义"而完全否定"利",只不过他们所强调的是国家公利而不是个人私利,是民众利益而不是个人利益。孔子在谈到从政治国的道理时,明确提出要按照"庶""富""教"的逻辑来进行,必须满足民众的物质利益,才能进行教化、弘扬道义,强调的是取利有道、义然后取,而不是见利忘义。与儒家学派不同,杨朱学派则是"重利轻义"的代表,认为追逐私利是人的本性,提出了"不以一毛而利天下"的口号。法家学派立足于人性恶的哲学观点,继承杨朱学派的思想,提出了"贵利轻义"的主张。同儒、法均不相同,墨家提出"义,利也"的主张,突出"义""利"的统一性,倡导义利兼顾、志功双规。随着儒家学说越来越成为中国传统文化的集中代表,重义轻利、先义后利的思想成为中国传统义利观的主流,同时见利思义、义利兼顾也成为中华优秀传统文化的内在因子。

两宋时期是中国文化发展的一个高峰,义利之辨又成为当时文化论争的一个重要议题。一方面,程朱理学高度强调义理的重要性,把道义、公利放在人生道德和治国理政的首要位置。另一方面,永嘉学派、永康学派等则强调功利的重要性,把事功、物利放在极端重要的位置。经过论争,以程朱理学为代表的义理派占上风,重义轻利的思想进一步沉淀为中国主导性的价值观和道德准则。

直到近代,义利思想依然是一个重大问题。经过儒家思想长期浸染的中国知识分子在面对义利关系时,总是首论公利道义,次论或不论私利物欲。龚自珍"苟利国家生死以,岂因祸福避趋之"的名言,就是坚持一切以国家利益、以大道正义为准则,而个人祸福得失则服从于道义公利,凸显了儒家学说中先义后利、重义轻利的主张。

中华民族数千年的文化传承,孕育了内涵丰富的义利观思想,一方面高度强调道义至上、重义轻利、先义后利；另一方面又高度强调义利兼顾、取利有道、见利思义。

义利观涉及的是人与人、群体与群体、国家与国家之间的关系问题。国际关系上的义利观就是国际道义与国家利益之间的关系问题。如何正确看待和处理义与利的关系，反映了不同个体处理人际关系的道德准则，当把这个准则放到处理国与国之间利益关系的范围时，就形成了不同的外交关系理念。

习近平同志关于在外交工作中坚持正确义利观的思想，把中国传统文化中的义利观思想同现代国际关系相结合，把古代中国人处理人与人、国与国关系的智慧运用于当代外交实践，形成了 21 世纪中国特色社会主义的外交理念，强调了国际关系中平等、道义、公正的重要性，又强调了国家利益上的互助、互利、互惠的必要性，谋求在多极化的国际关系中实现共建、共赢、共享，体现了中华民族道义至上、重义轻利、义利兼顾、取利有道的优良传统。

“正确义利观”是新中国外交主张的继承和创新

新中国成立后，我国外交工作把中华民族的义利观贯穿到国际关系和外交实践当中，创造性地提出了适应世界形势发展、惠及全球共同利益，特别是发展中国家利益的国际关系原则和外交理念。1954 年 6 月，周恩来总理访问印度和缅甸时，将互相尊重领土主权、互不侵犯、互不干涉内政、平等互惠和和平共处五项原则作为处理国家关系的准则。五项原则的公布，受到国际舆论，特别是亚非拉和欧洲国家的广泛响应，很快成为国际社会普遍接受并长期坚持的准则。1955 年 4 月，在万隆会议上，在中国代表团的努力下形成了“十项原则”：尊重基本人权，尊重联合国宪章的宗旨和原则；尊重一切国家的主权和领土完整；承认一切种族的平等，承认一切大小国家的平等；不干预或干涉他国内政；尊重每一国家按照联合国宪章单独地或集体地进行自卫的权利；不使用集体防御的安排来为任何一个大国的特殊利益服务，任何国家不对其他国家施加压力；不以侵略行为或侵略威胁或使用武力来侵犯任何国家的领土完整或政治独立；按照联合国宪章，通过如谈判、调停、仲裁或司法解决等和平方法及有关方面自己选择的任何其他和平方法来解决一切国际争端;促进相互的利益和合作;尊重正义和国际义务。这十项原则是和平共处五项原则的引申和发展,为愿意和平共处的国家指出了努力的方向。

新中国不仅为制定合理的国际关系原则做出努力,而且长期坚持先义后利、义利兼顾的义利观,发扬社会主义的国际主义精神,不仅从道义上而且从物质利益上大量援助第三世界国家。当时中国的经济状况十分困难,而且长期遭到一些资本主义国家的制裁,但是我国依然克服种种困难,甚至超出自己的承受能力,向广大亚非拉国家提供帮助,支持他们反抗压迫、争取独立、发展经济、改善民生,派出施工和技术人员远赴非洲援建坦赞铁路,向亚非拉国家派遣援外医疗队等。改革开放后,我国对发展中国家的援助不断扩大和提升,近些年中国减免了 50 个重债穷国和最不发达国家债务 380 笔,承诺对所有同中国建交的最不发达国家 95% 的输华产品给予零关税待遇,有力促进了他们的经济社会发展。这些做法继承了中国传统文化中道义至上、重义轻利、先义后利的义利观,形成了社会主义中国外交工作的核心价值观。

一个时期以来,一些人在谈论改革开放前新中国外交时,只谈论中国的国际主义援助,而看不到其时代条件和长期战略价值,这种看法是不全面的。还有一些人无视当年的历史条件,批评当时的国际援助是"不自量力",甚至因为个别受援国家的背信弃义而批评否定当时的外交理念和实践是"择友不慎、是非不分",这种观点是一种事后诸葛亮式矫情或历史虚无主义的妄议。

对于改革开放前新中国的外交理念和实践,必须做辩证分析。一方面,新中国把国际正义放在首位,对亚非拉国家提供国际主义援助,虽然的确承受了很大压力,但是却有力地支持了这些国家的民族独立和经济社会发展,在国际关系中践行了大道正义,为世界和平发展做出了重大贡献。另一方面,中国也获得了道义的回馈,维护了国家的核心利益,在重大国际事务中得到了这些国家的尊重、信任和支持。2015 年 4 月 22 日,习近平在亚非领导人会议上特别强调:"中国是亚非团结合作的积极倡导者和推动者,始终坚定支持亚非国家争取民族解放的正义事业,坚定促进亚非国家共同发展,并向亚非国家提供了真诚无私的援助。中国在维护国家主权、推进国家统一、实现国家发展的进程中,也得到了亚非国家的宝贵支持和帮助。中国人民对此永远不会忘记。"如果仅从物质利益上看待外交问题,在具体利益上斤斤计较,忘掉了国际主义精神和正确的义利观,就有可能在外交工作中陷入失道寡助的境地。

习近平同志根据新的时代条件,继承社会主义中国的外交理念,创新性地提出树立正确义利观的思想,突出地强调了社会主义制度的内在要求和国际主义的精神实质,同时又结合全球化时代国际关系的新特点,科学把握当代条件下国与国交往中的义利关系,为中国特色社会主义的外交事业指明了发展方向。

全面准确地理解和宣传"正确义利观"的深刻内涵

习近平同志提出的"坚持正确义利观"的外交理念,体现了中国传统义利观思想的合理内核,继承了新中国外交的优良传统,体现了中国特色社会主义的内在要求,展现了负责任的社会主义大国的外交担当,是新的历史条件下我国外交工作的根本指针,我们必须深入系统地学习其精神实质,并做好宣传阐释工作。

坚持正确义利观,凸显了中国外交的独立自主性。新中国成立以来,中国一直秉承独立自主的外交方针,根据自己的历史文化传统和国家核心利益做出外交选择,决不屈从于某些国家的指手画脚,决不照搬照抄某些国家的外交理念。近代以来,西方资本主义国家长期倡导"利益至上""只有永恒的利益,没有永恒的朋友"的外交观,霸权主义成为国际外交中长期存在的毒瘤,严重影响着世界和平,限制了发展中国家的发展。改革开放以来,中国日益成为世界大国,践行什么样的外交理念,引起了世界各国的关注。"中国威胁论""中国还是发展中国家吗?"的声音不断被炒作。在此情况下,中国既没有走西方资本主义国家的老路,没有沿袭霸权主义的外交逻辑,也没有陷入某些捧杀论调的陷阱,而是继承和发扬优秀传统文化和独立自主的外交工作传统,提出了要坚持正确的义利观,明确了新的历史条件下中国外交工作的核心理念。

坚持正确义利观,体现了社会主义的制度要求和国际主义的精神内涵。社会主义是人类文明发展的结晶,追求全人类的解放、平等、自由是社会主义的内在要求和奋斗目标。社会主义国家必然要按照国际主义精神来处理国与国的关系,在尊重各国主权独立的基础上,力所能及地帮助其他国家发展进步。谋求和平共处、和平发展,实现世界上最大多数国家和人民的福祉,是社会主义中国处理国际关系的基本准则。在国内,我们提出“三个倡导”,培育和践行社会主义核心价值观。在国际上,我们坚持正确的义利观,强调相互尊重、平等相待,坚持互利共赢、共同发展,谋求在交流互鉴中取长补短,在求同存异中共同前进,既勇于承担国际责任,又以和平发展的愿望支持和帮助其他国家发展,这是社会主义核心价值观在外交工作中的具体体现,是社会主义制度要求和国际主义的精神实质的有机统一,也是对所谓“中国不负责任”“中国搭便车”“中国新殖民主义”等论调的有力反驳。

坚持正确义利观,体现了当代中国共产党人在处理国际关系上的辩证法。中国共产党人是坚定的马克思主义者,最讲究辩证分析的科学方法,在处理国际关系中,坚持正确的而不是错误的、全面的而不是片面的义利观。一方面,“秉持公道正义,坚持平等相待”,强调大道正义,重义轻利,先义后利,愿以平等友善的态度支持和帮助其他国家,“坚持互利共赢、共同发展,既要让自己过得好,也要让别人过得好”;对周边国家特别强调与邻为善、以邻为伴,在具体利益方面决不斤斤计较。另一方面,正确的义利观绝不是偏斜的义利观,不是单方面的义也不是单方面的利,强调“只有义利兼顾才能义利兼得,只有义利平衡才能义利共赢”,谋求互义互利、义利平衡、义利兼顾。当今世界是一个不同制度、不同意识形态、不同民族特点的国家共存的世界,每一个国家都有自己的核心关注和发展利益,单方面要求一方奉献而另一方获利是不现实的。中国倡导和坚持正确义利观,绝不意味着牺牲主权独立和核心利益去迎合世界,对于侵害国家领土完整和发展利益的行为当然不会屈辱退让。正如习近平同志强调的:“我们要坚持走和平发展道路,但决不能放弃我们的正当权益，决不能牺牲国家核心利益。任何外国不要指望我们会拿自己的核心利益做交易，不要指望我们会吞下损害我国主权、安全、发展利益的苦果。中国走和平发展道路，其他国家也都要走和平发展道路，只有各国都走和平发展道路，各国才能共同发展，国与国才能和平相处。"

在深入理解"坚持正确义利观"外交理念精神实质的同时，我们必须做好对这个外交理念的对内和对外宣传解释工作，全面准确地告诉世界各个国家的政府和人民：一方面，中国要坚持国际正义，以义为先，担当维护世界和平的责任，坚决支持和帮助发展中国家的独立和发展，坚决反对各种形式的霸权主义和殖民主义；另一方面，中国必须从发展中国家的身份定位出发，既要无私援助又要量力而行，在维护国家核心利益的基础上承担应尽的国际义务。要通过认真细致的宣传阐释，让世界各国政府和人民清楚地知道：中国坚持正确义利观，表明了一个负责任大国的外交担当；但中国自己不会，其他国家也不应该曲解中国"坚持正确义利观"的主张，不能幻想中国用自己提出的外交理念来束缚自己的手脚；世界各国都应该按照责任、权利、能力相一致的原则，实现团结、友谊、合作，共同走出一条共建、共享、共赢的安全新路，共同维护世界的和平稳定和全球治理的健康发展。

（原载于《对外传播》2015 年第 6 期）

“和合”外交思想*

和实力是指经济、军事、文化、制度等实力在实践活动中完美融合而形成的复合效力。和实力犹如中国文化中的太极，刚柔相济。经济和军事实力是和实力的一方面，没有这些实力，文化和制度实力就没有物质支撑，犹如空中楼阁。同时，没有文化的引领，没有制度的保障，经济和军事实力也无法长期、稳定、从容地发挥功效。从这个意义上讲，只有四者结合起来，和实力才能真正发挥出最大实力。习近平在不同场合强调了如下和平发展理念：首先，要坚持全面深化改革，全面推进依法治国，全面从严治党，为全面建成小康社会和实现中华民族伟大复兴的中国梦而奋斗；其次，我们要坚持走和平发展道路，但决不能放弃我们的正当权益，决不能牺牲国家核心利益。任何国家不要指望我们会拿自己的核心利益做交易，不要指望我们会吞下损害我国主权、安全、发展利益的苦果。军队要依法治军、从严治军，要能打仗、打胜仗；再次，中华民族历来是一个爱好和平的民族，中国人自古就倡导“己所不欲，勿施于人”，推崇“协和万邦”“亲仁善邻”“四海之内皆兄弟”“远亲不如近邻”“亲望亲好，邻望邻好”“国虽大，好战必亡”等和平思想，爱好和平的思想深深嵌入了中华民族的精神世界，直到今天依然是中国处理国际关系的基本理念。

2015 年是中国人民抗日战争暨世界反法西斯战争胜利 70 周年，也是联合国

---

* 本文作者：倪世雄，复旦大学国际关系与公共事务学院教授。复旦大学国际关系与公共事务学院博士公为明对此文亦有贡献。

成立70周年。70年来,要和平,不要战争;要合作,不要对抗成为国际社会的广泛共识。两年多来,习近平主席在构建新型大国关系、周边外交、多边外交、公共外交等方面提出了一系列系统性地维护国家安全和发展利益,促进世界和平与共同发展的“和合”外交思想。

和平发展:超越后起大国传统的崛起之路

和平与发展依然是当今世界的两大潮流。习近平指出,走和平发展道路,是我们党根据时代发展潮流和我国根本利益做出的战略抉择。通过争取和平国际环境发展自己,又以自身发展维护和促进世界和平,不断提高我国综合国力,不断让广大人民群众享受到和平发展带来的利益,不断夯实走和平发展道路的物质基础和社会基础。习近平在纪念孔子诞辰2565周年研讨会上指出,维护世界和平,很重要的一个方面就是要从思想上确立和平发展的理念。爱好和平依然是中国处理国际关系的基本理念。习近平强调,实现我们的奋斗目标,必须有和平国际环境。没有和平,中国和世界都不可能顺利发展;没有发展,中国和世界也不可能有持久和平。发展是安全的基础,安全是发展的条件。我们一定要抓住机遇,集中精力把自己的事情办好,使国家更加富强,使人民更加富裕,依靠不断发展起来的力量更好地走和平发展道路。中国走的是一条和平发展的新道路。这条新道路是通过和平的方式、渐进的方式,主要依靠自己的力量和改革创新,实现发展。这就超越了后起大国传统的崛起之路,即通过军事扩张、掠夺资源、争霸或称霸的崛起之路。中国坚持改革开放,学习借鉴别国长处,在经济全球化进程中寻求与各国互利共赢和共同发展。

和气生财:树立正确的义利观

随着中国对外交往与对外合作的不断深入,经济目标与中国外交战略目标、外交价值取向形成了不可避免的冲突。中国的对外合作与交往中出现过严重重利轻义或舍利取义的情况,从实践来看,这些都是不可取的。随着世界经济、文化甚至政治的全球化与多样化,树立正确义利观,坚持义利并举、义重于利,是外交得道多助的重要基础。树立正确的义利观,在社会主义市场经济下的中国具有特殊的意义。一方面,中国社会主义的性质和传统优秀文化决定了中国在对外交往中首先要“义”字当头,这个“义”就是要讲信义、重情义、扬正义、树道义。金钱易得,朋友难求。“义”体现了中国传统优秀文化的价值理念,是中国文化软实力的体现。另一方面,中国实行市场经济体制,要让市场在资源配置中起决定性作用,就必须遵循市场运行规律,顺应资本的逐利定律。在具体实践过程中,需要将两者有机地结合起来。中国的发展是从和平友好合作的理念出发的,是合作共赢而不是所谓的“扩张掠夺”,也不附带任何强迫的政治条件。习近平强调,要切实加强同发展中国家的团结合作,把我国发展与广大发展中国家的发展紧密联系起来,要坚持正确义利观,有原则、讲情谊、讲道义,多向发展中国家提供力所能及的帮助,切实做好对外援助工作,真正做到与各方弘义融利。

合作安全:走出一条和衷共济、合作共赢的新路子

面对错综复杂的国际安全威胁,单打独斗不行,迷信武力更不行,合作安全、集体安全、共同安全才是解决问题的正确选择。2013 年 6 月 19 日,习近平在会见联合国秘书长潘基文时指出,零和思维已经过时,我们必须走出一条和衷共济、合作共赢的新路子。2014 年 5 月 20 日,习近平在上海亚洲相互协作与信任措施会议第四次峰会上的讲话中指出,应该积极倡导共同、综合、合作、可持续的亚洲安全观,创新安全理念,搭建地区安全和合作新架构,努力走出一条共建、共享、共赢的亚洲安全之路。要尊重和保障每一个国家的安全。大家共同生活在亚洲这个大家园里,利益交融、安危与共,日益成为一荣俱荣、一损俱损的命运共同体。同时,安全应该是普遍的,安全应该是平等的,安全也应该是包容的。强化针对第三方的军事同盟不利于维护地区共同安全。中方反对为一己之私挑起事端、激化矛盾,反对以邻为壑、损人利己。习近平也强调,“国际社会应该倡导集体安全、共同安全、合作安全的理念,使我们的地球村成为共谋发展的大舞台,而不是相互角力的竞技场,更不能为一方之私把一个地区乃至世界搞乱”。

和而不同:尊重各国人民自主选择发展道路的权利

《论语》中讲:君子和而不同。《中庸》中也讲:万物并育而不相害,道并行而不相悖。这些既是中华民族古代经典哲学思想,也可以成为与时俱进的外交新理念。中国主张,各国和各国人民应该共同享受尊严,国家不分大小、强弱、贫富一律平等,要尊重各国人民自主选择发展道路的权利,反对干涉别国内政。“鞋子合不合脚,自己穿了才知道”。一个国家的发展道路合不合适,只有这个国家的人民才最有发言权。在2014年上海亚信峰会上,习近平提出:“亚洲的事情归根结底要靠亚洲人民来办,亚洲的问题归根结底要靠亚洲人民来处理,亚洲的安全归根结底要靠亚洲人民来维护。亚洲人民有能力、有智慧通过加强合作来实现亚洲和平稳定。”2014年3月27日,习近平在联合国教科文组织总部的演讲中指出,“文明因交流而多彩,文明因互鉴而丰富。文明交流互鉴,是推动人类文明进步和世界和平发展的重要动力。一花独放不是春,百花齐放春满园。中国人在2000多年前就认识到了‘物之不齐,物之情也’的道理”。战争起源于人之思想。只要世界人民在心中坚定了和平理念,树立和而不同的开放包容观念,就能形成防止和反对战争的强大力量。

以和为贵:不冲突、不对抗、相互尊重、合作共赢

2014年6月28日,习近平在和平共处五项原则发表60周年纪念大会上指出,走和平发展道路是中国根据时代发展潮流和自身根本利益做出的战略抉择,中国人民崇尚“己所不欲,勿施于人”,中国不认同“国强必霸论”,中国人的血脉中没有称王称霸、穷兵黩武的基因,却有以和为贵、和平相处的文化基因。中国坚持不干涉别国内政原则,坚持尊重各国人民自主选择的发展道路和社会制度,坚持通过对话协商以和平方式解决国家间的分歧和争端,反对动辄诉诸武力或以武力相威胁。弱肉强食不是人类共存之道,穷兵黩武不是人类和平之计。和平而不是战争，合作而不是对抗，才是人类社会进步的永恒主题。2013 年 6 月，习近平主席与奥巴马总统在美国加州举行“庄园会晤”，进一步提出建设中美新型大国关系的主张，并精辟阐述了新型大国关系的内涵是不冲突、不对抗、相互尊重、合作共赢。把“不冲突、不对抗”放在构建中美新型大国关系的首位，充分体现了中国外交以和为贵的核心价值观。

和谐共生：打造周边命运共同体

“亲望亲好，邻望邻好”。2013 年 10 月 24 至 25 日，习近平在周边外交工作座谈会上强调，要切实抓好周边外交工作，打造周边命运共同体，秉持亲诚惠容的周边外交理念，坚持与邻为善、以邻为伴，坚持睦邻、安邻、富邻，深化同周边国家的互利合作和互联互通。此前，习近平多次讲到，“宽广的太平洋有足够空间容纳中美两个大国”。从“宽广的太平洋有足够的空间可以容下两个大国”到相互依存的“人类命运共同体”，这是认识和理论上的巨大飞跃和升华。从全人类命运的角度来建构中国的外交思想，这是一个生动的创新。“命运共同体”思想为中国的和平外交赢得了世界话语权，说出了让世界听得懂、听得进去的中国话，受到了广泛好评。

协和万邦：在坚持不结盟原则的前提下，广交朋友

在战争与和平面前，我们希望铸剑为犁，化干戈为玉帛。习近平说：“举行南京大屠杀死难者国家公祭仪式，是表达中国人民坚定不移地走和平发展道路的崇高愿望，宣示中国人民牢记历史、不忘过去，珍爱和平、开创未来的坚定立场。和平是需要争取的，和平是需要维护的。疑今者，察之古；不知来者，视之往。忘记历史就意味着背叛，否认罪责就意味着重犯。”中国古代经典著作中就有“和合中庸”“世界大同”的理念。虽然千百年来，沧海桑田，但是这些思想不但没有过时，反而愈见其夺目光辉。习近平指出，中国坚持全方位和平外交的总体战略思路，即坚持在和平共处五项原则的基础上全面发展同各国的友好合作。要在坚持不结盟原则的前提下,广交朋友,形成遍布全球的伙伴关系网络。家和万事兴,人和国家强。习近平提出广交朋友、广结善缘和增强国家亲和力的思想,强调“关系亲不亲,关键在民心”,通过公共外交、民间外交,做好人脉工作。己欲立而立人,己欲达而达人。中国的“和合”外交不仅是促进中国的和平发展,也是要努力塑造一个天下太平、协和万邦的世界图景。

2012 年 11 月 29 日,习近平总书记在参观“复兴之路”展览时,首次提出“中国梦”就是实现中华民族的伟大复兴。2013 年 6 月 7 日至 8 日,习近平主席同奥巴马总统在安纳伯格庄园举行会晤时讲道:“中国梦也是和平、发展、合作、共赢的梦,与包括美国梦在内的世界各国人民的美好梦想相通。”2015 年 3 月 28 日,在博鳌亚洲论坛开幕式,习近平宣示,中国人民正在齐心协力为实现“两个一百年”奋斗目标、实现中华民族伟大复兴的中国梦而奋斗。在前进的道路上,中国坚持和平发展,决心不会动摇。

可见,“中国梦”有两层含义:国内层面上是实现中华民族的伟大复兴;国际层面上是和平、发展、合作、共赢。“中国梦”是“和合”外交的生动体现,“和合”外交是中国梦的伟大实践。“和合”外交思想接地气,内涵深刻,感染力和指导性都很强,必将有力推动实现中华民族伟大复兴的中国梦,为维护世界持久和平贡献新智慧。

参考文献

①《习近平在中共中央政治局第三次集体学习时强调更好统筹国内国际两个大局,夯实走和平发展道路的基础》,新华网,2015 年 5 月 19 日。

(原载于《人民论坛》2015 年第 19 期)

十八大以来外交理念“四观”*

十八大以来，习近平同志在外交战略方面有许多新论述、新观点、新思想，突出了外交工作在中央领导集体治国理政体系中的重要地位，体现了他独具特色的外交观与战略理念。

独立自主的道路观

独立自主是贯穿于习近平外交理念论述中的最鲜明的一条主线。独立自主是立党立国、兴党兴国的根本，也是新中国和平外交的基石。新中国始终坚持独立自主的和平外交，从而在不同时期为我国外交争取和赢得了战略主动。习近平指出，“坚持独立自主，就要坚持中国的事情必须由中国人民自己作主张、自己来处理”；“坚持独立自主，就要坚定不移走中国特色社会主义道路，既不走封闭僵化的老路，也不走改旗易帜的邪路”；“坚持独立自主，就要坚持独立自主的和平外交政策，坚定不移走和平发展道路”。

这三个“坚持”，是在继承基础上对独立自主思想的丰富和发展。习近平关于独立自主外交理念论述有以下几个特点：第一，重视独立自主战略的物质基础建设。中国是一个大国，依赖别的大国，要么是失败，要么成为别人附庸。开展独立自主外交，首先需要具备并不断壮大坚实的物质基础，愈在开放进程以及中国与

---

* 本文作者：苏长和，复旦大学国际关系与公共事务学院副院长、教授。

世界的互动中,愈需要不断夯实我国军事装备、国防科技、工业、农业和粮食安全、金融等的独立自主性。第二,重视独立自主战略的共同思想基础建设。物质和经济建设是极端重要的,但意识形态、核心价值体系建设同样极端重要。中华民族伟大复兴的中国梦,需要共同的思想基础,这个思想基础就是对自己道路、理论和制度的自信,而只有精神上的独立自主,才能增强做中国人的骨气和底气,才能以更自信自主的心态办好大国外交。第三,独立自主意味着对待国际事务以历史和公道为标尺,决定自己的立场和政策,讲公义之理,办公道之事。例如,正是由于中国对公道的坚持和坚守,才将叙利亚问题拉回到正确的政治解决轨道上,避免了叙利亚出现更大的人道主义灾难。在对待有的双边关系中的历史问题上,强调国际关系必须坚持正确的历史观,坚决反对一些国家在历史问题认识上的错误倾向和行动。第四,注重从文化主权和文化安全高度,用中国话中国概念讲中国外交理念和实践,丰富了中国特色外交话语体系,体现了对自己外交话语的自信。

坚持独立自主外交,并不意味着中国外交变得强硬了,而是更为积极理性地维护国家发展权益,更为积极地在维护国际和平的责任上有所担当。

和平发展的世界观

世界大义,顺之者前进,逆之者后退。时代不同,世界大义也有变化。当今世界的大义就是和平发展。改革开放以来,我国正因为抓住并顺应了和平发展这一世界大义,从而在内政外交发展上迈上了一个大台阶。

习近平关于和平发展外交理念的论述,突出表现在以下几个方面:第一,更加重视和平发展成果能够公平地为各国人民所分享,各国人民要从和平发展中得到实惠,只有这样,才能真正在各国老百姓中扩大和平发展的社会民意基础。第二,划定了中国走和平发展道路的底线。在中央领导集体关于和平发展道路的集体学习中,习近平阐述了中国走和平发展道路与维护国家主权、安全、发展利益的辩证关系,强调指出我们坚持走和平发展道路,但绝不能放弃我们的正当权益,决不能牺牲国家核心利益。中国不惹事也不怕事。任何国家不要指望我们会拿自己的核心利益做交易，不要指望我们会吞下损害我国主权、安全、发展利益的苦果。第三，在两岸和平发展和国家统一问题上，突出了和平发展与国家统一的手段和目标的关系。习近平指出，增进两岸政治互信，夯实共同政治基础，是确保两岸关系和平发展的关键。着眼长远，两岸长期存在的政治分歧问题终归要逐步解决，总不能将这些问题一代一代传下去。第四，提倡各国都应该顺从和平发展这一世界大义，走和平发展道路。世界上只有中国一家走和平发展道路是不够的，只有更多的国家共同走和平发展道路，和平发展道路才能真正走得稳，走得通，走得远。

义利合一的价值观

“独乐乐不如众乐乐。”世界上少数国家日子过得好，不如大部分国家日子都过得好。少数国家更不能将自己的快乐建立在别国及其人民的痛苦基础上。在非洲的访问以及在周边外交工作座谈会中，习近平提出以正确的义利观作为中国构建与周边国家以及广大发展中国和新兴国家合作共赢新型国际关系的指针。习近平指出：“义，反映的是我们的一个理念，共产党人、社会主义国家的理念。这个世界上一部分人过得很好，一部分人过得很不好，不是个好现象。真正的快乐幸福是大家共同快乐、共同幸福。我们希望全世界共同发展，特别是希望广大发展中国家加快发展。利，就是要恪守互利共赢原则，不搞我赢你输，要实现双赢。我们有义务对贫穷的国家给予力所能及的帮助，有时甚至要重义轻利、舍利取义，绝不能唯利是图、斤斤计较。”

和平发展是世界大义，合作共赢是世界大利，两者并育不害，相辅相成。零和思维、相互踩踏思维、干涉说教思维、有你无我思维，根本上妨碍着新型国际关系的构建。当前国际政治存在许多风气不正的地方，最大的缺失就是道义，哪个新兴新型大国能够在道义上为世界逐步树立“正”的风气和标准，哪个国家就能聚拢巨大的软实力资源。全球化所以遭遇重挫，原因之一是重私利轻大义，少数人得利，大多数人失利，没有互利共赢的结果。经济全球化版本要升级，也需要坚持正确的义利观指导。义利失衡是当前世界的一大特点。总之,义利观的提出为构建合作共赢的新型国际关系提供了价值指导,也丰富了中国特色外交理论的核心价值体系。

和谐共生的秩序观

在和平共处五项原则基础上构建和谐共生的国际秩序,同其他国家一起走和谐共生的发展道路,是新中国外交一以贯之的目标,也是新时期中国在有关世界秩序问题上的思考之一。在会见 21 世纪理事会代表的讲话中,习近平指出"中国愿同其他国家一起走和谐共生的发展道路"。不走对抗的绝路,不走冲突的老路,要走和谐共生的新路,建设一个包容有序的和谐共生世界,是中国对国际秩序的追求。

习近平关于和谐共生的秩序观的论述层次丰富。习近平在多个场合阐述了中国与发展中国家、周边国家和新兴国家命运共同体思想,强调要让命运共同体意识在这些国家落地生根;在大国关系尤其是中美关系层面,提出要构建不对抗、不冲突、相互尊重、合作共赢的中美新型大国关系;在大小国家关系上,例如在拉美加勒比访问中,强调构建大小规模不同的国家之间的新型关系;在地区合作问题上,提出政治沟通、经贸畅通、交通联通、货币流通、民心相通的地区合作共生新理念。

当今世界,文明与文明之间、国与国之间、各国人民之间、大国与大国之间、大国与小国之间、人与自然以及人与社会之间,都需要探索和谐共生的发展之道。和谐共生恰恰是在尊重差异和多样基础上,为多样文明学会共处指出了一条出路,体现了一个文明大国、东方大国、负责任大国、社会主义大国在世界秩序问题思考上的智慧贡献。

(原载于《人民论坛》2014 年第 6 期)

十八大以来中国外交话语研究：内涵、创新及其影响*

引言

话语，是指在某种特定语境中使用的语言。所谓外交话语（Diplomatic Discourse），即“为表达在一定历史时期内的国际战略与外交政策所使用的语言”，它体现在“本国国家领导人在正式场合公开发表的讲话、声明之中”①。外交话语在外交实践中不可或缺，任何外交活动都离不开话语表达。然而，外交话语不仅是立场的表达和观点的陈述，同时更折射出一国的战略意图、政治理念和意识形态。西方学术界对外交话语的研究开展较早，关注话语在外交进程中是如何发挥作用，以及为什么一些外交活动因此要比另一些更为成功。② 国内学术界也从不同

* 本文作者：张弦（1981—），男，湖北黄石人，华中师范大学政治与国际关系学院中国周边安全与合作研究中心助理研究员，博士，主要从事人权与国际政治研究。

基金项目：2014 年度国家社会科学基金重大项目“总体国家安全观下的中国东南周边地区安全机制构建研究”（14ZDA087）；2015 年度华中师范大学丹桂计划项目“印尼国家人权委员会与印尼人权外交研究”（CCNU15A03006）。

① 金正昆：《现代外交学概论》，中国人民大学出版社 1999 年版，第 114 页。

② J. Kurbalija a nd H . Slavik, Language a nd Diplomacy, Mediterranean Academy of Diplomatic Studies, 2001, p. 4. 另请参见 Ray T. Dona hue a nd Michael H. Prosser, Diplom atic Discourse: International Conflict at the United Nations, Praeger, No. 3, 1997. 该书也在西方学术界较早系统阐释了话语和修辞在外交活动和解决国际冲突中扮演的关键性角色。

学科、领域和视角出发，对中国外交话语开展了一些相关研究。①

十八大以来，面对深刻变化的国际形势，以习近平同志为总书记的党中央统筹国内国际两个大局，统筹发展安全两件大事，牢牢把握坚持和平发展、促进民族复兴这条主线，在保持外交大政方针连续性和稳定性的基础上，积极推动外交理论和实践创新。习总书记提出的一系列新思想、新理念和新表述，给外交话语赋予了鲜明的中国特色、中国风格和中国气派。随着外交话语的创新发展和国际传播能力的不断增强，我国的外交话语权和国际影响也显著提升。因此，总结十八大以来我国外交话语的内涵、创新与影响，对理解新时期我国对外战略和推动外交工作进一步发展，在理论和实践上都有着重要意义。

一、十八大以来外交话语的理念内涵

习近平总书记不仅是我国总体外交战略的最高设计者，也是国家外事活动的主要参与者，同时还是外交话语的理论建构和实践创新者。十八大以来，习近平总书记在各种内外场合对国际关系和我国外交战略发表了系列重要讲话，立意高远、论述精辟、内容丰富，不仅阐明了世界发展大势和国际格局变化，还涵括了新时期我国外交工作的总体目标、工作原则、形式特色以及战略规划等内容②，突出体现了外交工作在中央领导集体治国理政体系中的重要地位，也反映了习近平总书记独具特色的外交理念和思想内涵。

第一，强调和平发展的时代观。近年来，针对当今时代的主题是否仍然是和平与发展，国内外出现了一些质疑和不同声音。时代主题为何，这既是一个客观

① 国内研究者有从语言学角度分析外交话语的，如武瑷华：《从外交话语的言语行为模式看话语秩序》，《外语学刊》2013 年第 5 期；有从传播学角度分析我国国际话语的，如张志洲：《如何增强中国媒体的国际话语权》，《对外传播》2011 年第 3 期；有从西方舆论视角讨论中国外交话语的，如吴瑛：《议程与框架：西方舆论中的我国外交话语》，《欧洲研究》2008 年第 6 期；还有阐释如何提升中国外交话语权的，如叶淑兰：《中国战略性外交话语建构刍议》，《外交评论》2012 年第 5 期。

② 中共中央宣传部：《习近平总书记系列重要讲话读本》，学习出版社 2016 年版，第 260－277 页。

判断也是一个主观认知。和平与发展依然是时代主题,是中国根据时代发展潮流和国家根本利益做出的战略判断。习近平总书记指出:“党的十八大明确提出了‘两个一百年’的奋斗目标,还明确提出了实现中华民族伟大复兴的中国梦的奋斗目标。实现这些奋斗目标,必须有和平的国际环境。没有和平,中国和世界都不可能顺利发展;没有发展,中国和世界也不可能有持久和平。只有坚持走和平发展道路,只有同世界各国一道维护世界和平,中国才能实现自己的目标,才能为世界作出更大贡献”①。中国认为,当今世界尽管正在发生深刻复杂的变化,出现了这样或那样的混乱、冲突乃至战争,但和平与发展仍然是时代主题,且势头更加强劲,潮流更加清晰。习近平总书记指出:“历史是最好的老师,它忠实记录下每一个国家走过的足迹,也给每一个国家未来的发展提供启示。中国需要和平,就像人需要空气一样,就像万物生长需要阳光一样”②。和平与发展是时代的主题,这为改革开放三十多年的历史所证明,也是中国从历史、现实和未来发展的客观判断中得出的结论,是思想自信和实践自觉的有机统一。

第二,突出合作共赢的国际观。世界格局当前正处在一个加速演化的历史性进程中。经济全球化、社会信息化创造了前所未有的发展机遇,但与此同时,恐怖主义、金融动荡和环境危机等全球性挑战亦方兴未艾。在一个各自利益、诉求和问题都已经全球化的世界里,各国只有携起手来,互惠互利、合作共赢,才能共同解决全球性问题。面对全球性挑战,没有哪个国家可以置身事外、独善其身。习近平总书记指出:“当今世界,各国相互依存、休戚与共。我们要继承和弘扬联合国宪章的宗旨和原则,构建以合作共赢为核心的新型国际关系,打造人类命运共同体”③。针对大国关系,习近平总书记强调:“中美构建新型大国关系,实现双方

① 习近平:《顺应时代前进潮流 促进世界和平发展》,人民网,http://theory.people.com.cn/n/2013/0325/c40531-20902911.html。

② 《习近平:“我们不惹事,但也不怕事”》,人民网,http://world.people.com.cn/n/2014/0330/c157278-24773400.html。

③ 习近平:《携手构建合作共赢新伙伴 同心打造人类命运共同体》,光明网,http://tech.gmw.cn/newspaper/2015-10/09/content_109487000.htm。

不冲突不对抗、相互尊重、合作共赢,这是两国人民和国际社会的普遍愿望,是符合时代潮流的正确选择”①。中国认为,每个国家在谋求自身发展的同时,都应积极促进其他国家共同发展,不能“与邻为壑”“损己利人”,更不能把世界长期发展建立在一批国家越来越富而另一批国家却长期贫穷落后的基础之上,这样的发展是不牢固的也是不道德的。习近平总书记指出:“中国人民愿意……将自身发展经验和机遇同世界各国分享,欢迎各国搭乘中国发展的‘快车’、‘便车’和‘顺风车’,实现共同发展,让大家一起过上好日子”②。以合作取代对抗,以共赢取代独占,应该是世界各国共同努力的方向。

第三,坚持独立自主的道路观。独立自主是贯穿于中国外交话语的一条最鲜明主线。③ 独立自主是中华民族的优良传统,是中国共产党、中华人民共和国立党立国的重要原则。习近平总书记强调,“不论过去、现在和将来,我们都要把国家和民族发展放在自己力量的基点上,坚持民族自尊心和自信心,坚定不移走自己的路”④。独立自主首先是物质基础自主。依然要聚焦发展,不断夯实军事国防、粮食农业和工业经济等的安全与独立。习近平总书记指出:“中国人的饭碗任何时候都要牢牢端在自己手上。我们的饭碗应该主要装中国粮。保障国家粮食安全是一个永恒的课题,任何时候这根弦都不能松”⑤;其次是思想和意识形态自主。习近平总书记强调,要对自己的道路、理论和制度自信,“树立和坚持正确的历史观、民族观、国家观、文化观,增强做中国人的骨气和底气”⑥;再次是外交决策自主。在处理国际事务时要秉持公道正义。习近平总书记强调:“要秉持公道

---

① 习近平:《中美新型大国关系:不冲突不对抗、相互尊重、合作共赢》,新华网(http://news.xinhuanet.com/politics/2013-06/10/c_116107914.htm。

② 《习近平在同美国总统奥巴马共同会见记者时的讲话》,《人民日报》,2013年06月09日。

③ 苏长和:《习近平外交理念“四观”》,《人民论坛》2014年第5期。

④ 习近平:《在纪念毛泽东同志诞辰120周年座谈会上的讲话》,新华网,http://news.xinhuanet.com/politics/2013-12/26/c_118723453_3.htm。

⑤ 《习近平:饭碗要端在自己手里》,新华网,http://news.xinhuanet.com/politics/2015-08/25/c_128164006.htm。

⑥ 《习近平主持政治局集体学习:增强做中国人骨气底气》,中新网,http://www.chinanews.com/gn/2013/12-31/5685623.shtml。

正义,坚持平等相待,遵守国际关系基本原则,反对霸权主义和强权政治,反对为一己之私损害他人利益、破坏地区和平稳定"①。同时,中国独立决定自己的外交立场和政策,坚决维护自己的核心利益;最后是文化和表达自主。积极总结汲取传统文化精髓,善用中国概念讲中国故事,发出中国声音。习近平总书记强调:"每个国家和民族的历史传统、文化积淀、基本国情不同,其发展道路必然有着自己的特色……要讲好中国故事,传播好中国声音"②。

第四,弘扬义利兼顾的价值观。国际关系理论中虽然有强调伦理、道义和规范的一派学说,但各国在外交实践中零和博弈思维盛行,有你无我的极端化倾向让人忧虑。中国传统文化向来讲求义利之辨,认为义在利前、以义为先是君子之道。十八大后,习近平总书记多次谈到义利观问题,他指出:"义,反映的是我们的一个理念,共产党人、社会主义国家的理念。这个世界上一部分人过得很好,一部分人过得很不好,不是个好现象。真正的快乐幸福是大家共同快乐、共同幸福。我们希望在全世界共同发展,特别是希望广大发展中国家加快发展。利,就是要恪守互利共赢原则,不搞我赢你输,要实现双赢"③。习近平总书记将正确的义利观作为中国构建与周边国家以及广大发展中国和新兴国家合作的原则,认为"要坚持正确的义利观,做到义利兼顾,以义为先,切实加强同发展中国家的团结合作,把我国发展与广大发展中国家共同发展紧密联系起来"④,强调对贫穷国家应给予力所能及的帮助,有时甚至要重义轻利、舍利取义,绝不能唯利是图、斤斤计较。习近平总书记还指出:"只有义利兼顾才能义利兼得,只有义利平衡才能义利

① 王毅:《坚持正确义利观　积极发挥负责任大国作用》,人民网,http://opinion. people. com. cn/n/2013/0910/c1003 - 22862978. html.

② 《习近平:讲好中国故事　传播好中国声音》,中新网,http://www. chinanews. com/gn/2013/08 - 21/5187666. shtml.

③ 《习近平:干部要学哪些传统文化?》,新华网,http://news. xinhuanet. com/politics/2015 - 08/10/c_1116199868. htm.

④ 苏长和:《习近平外交理念"四观"》,《人民论坛》2014 年第 5 期。

共赢"①。义利兼顾的价值观不啻为当代国际关系吹入了一股清风，它不是在喊口号也不是在唱高调，而是切实为构建合作共赢的新型国际关系提供有益指导，同时也丰富了中国特色外交理论的价值体系。

第五，推动共同参与的治理观。经济和信息全球化的深入发展，把世界各国利益和命运更加紧密地联系在一起，全球治理体系应运而生。习近平总书记指出："随着全球性挑战增多，加强全球治理、推进全球治理体制变革已是大势所趋。这不仅事关应对各种全球性挑战，而且事关给国际秩序和国际体系定规则、定方向；不仅事关对发展制高点的争夺，而且事关各国在国际秩序和国际体系长远制度性安排中的地位和作用"②。全球治理机制由全球共建共享，不可能由哪一个国家独自掌握，世界上的事情也不可能只由少数国家决定。推动全球治理体系朝着更加公正合理的方向发展，符合世界各国的普遍需求。习近平总书记强调："世界上的事情越来越需要各国共同商量着办，建立国际机制、遵守国际规则、追求国际正义成为大多数国家的共识"③。推进全球治理体制变革并不是推倒重来，也不是另起炉灶，而是要创新完善、共同参与，使全球治理体制更好地反映国际格局的变化，更加均衡地反映大多数国家特别是新兴市场国家和发展中国家的意愿和利益。中国是现行国际体系的参与者、建设者、贡献者，是国际合作的倡导者和国际多边主义的积极参与者。习近平总书记强调："要推动全球治理理念创新发展，积极发掘中华文化中积极的处世之道和治理理念同当今时代的共鸣点，努力为完善全球治理贡献中国智慧、中国力量"④。

---

① 《习近平：在国际关系中践行正确义利观》，新华网，http://news.xinhuanet.com/world/2014-07/04/c_126710815.htm.

② 《习近平：推动全球治理体制更加公正更加合理》，中国共产党新闻网，http://cpc.people.com.cn/n/2015/1013/c64094-27693518.html.

③ 《习近平：推动全球治理体制更加公正合理》，新华网，http://news.xinhuanet.com/mrdx/2015-10/14/c_134711871.htm.

④ 《习近平：在中共中央政治局第二十七次集体学习时的重要讲话》，中国政府网，http://www.gov.cn/xinwen/2015-10/13/content_2946293.htm.

二、十八大以来外交话语的创新实践

十八大以来的外交话语与十八大之前的外交话语相比,有继承和延续,也有发展与创新。譬如,“和平、发展、合作、共赢是时代潮流”“坚定不移走和平发展道路”“对外开放依然是中国的基本国策”等表述是对我国外交基本立场的确认和继承①;运筹构建“中美新型大国关系”、周边外交突出“亲、诚、惠、容”理念、对广大发展中国家要“坚持正确的义利观”和“积极倡导和践行多边主义”②等表述则是对长期以来“大国是关键、周边是首要、发展中国家是基础、多边是重要舞台”外交理念的一种延续和发展。当然,十八大以来外交话语也有了很多变化,其创新实践主要体现在如下五点。

第一,重视顶层设计,积极对外阐述。十八大以来,中央领导集体重视对外交工作进行顶层设计和总体规划。习近平总书记主持召开了首次周边外交工作座谈会和新中国历史上第二次中央外事工作会议,政治局还先后就和平发展道路、国家文化软实力、建设海洋强国、全球治理等主题进行了集体学习。在这些会议中,习近平总书记高屋建瓴、全面系统地提出了一系列新理念、新观点和新表述,为新时期外交工作发展指明了方向。除了加强外交话语的顶层设计外,习近平总书记还充分利用各种“走出去”和“请进来”的双边、多边外交场合积极阐述中国的外交理念。十八大以来,习近平总书记的出访足迹遍及五大洲,实现了全球覆盖。仅2015年,习近平总书记就8次踏出国门,出访四大洲10个国家,参加9次国际会议,是其上任以来出访次数最多的一年。③ 联合国大会、美国安纳伯格庄园、蒙古国大呼拉尔、韩国首尔大学、德国科尔伯基金会、博鳌论坛、亚信峰会等各

① 《习近平:中国发展的根本出路在于改革 中国开放的大门永远不会关上》,新华网,http://news.xinhuanet.com/mrdx/2015-09/24/c_134653482.htm.

② 习近平:《与邻为善以邻为伴坚持睦邻安邻富邻》,光明网,http://news.gmw.cn/newspaper/2013-10/26/content_2307167.htm.

③ 《2015年习近平国外42天》,人民网,http://world.people.com.cn/n/2015/1206/c1002-27894256.html.

个场合都留下了习近平总书记鲜活、生动的外交话语。高强度、多频次、广覆盖的积极阐述，使得外交话语的影响力显著提升。

第二，强化红线意识，落实外交为民。十八大以来中国外交的一个显著特点或者说是变化，是红线意识和底线意识的强化，在外交话语上表现为“软的更软，硬的更硬”。中国走和平发展道路、倡导合作共赢是有底线的，这就是必须坚决维护国家核心利益。习近平总书记指出：“任何外国不要指望我们会拿自己的核心利益做交易，不要指望我们会吞下损害我国主权、安全、发展利益的苦果”①。中国始终把坚决维护国家主权、安全、发展利益作为外交工作的出发点和落脚点，坚决捍卫国家的正当合法权益。习近平总书记强调：“我们不惹事，但也不怕事，在涉及我国核心利益的问题上，要敢于划出红线，亮明底线”②。此外，十八大以来，“外交为民”成为外交话语的一个常见词。党的十八大报告提到，必须“坚定维护国家利益和我国公民、法人在海外合法权益”。伴随着“提高中国护照含金量”和“海外民生工程建设”的提出，领事保护工作成为落实“外交为民”指导思想的具体体现，要求“从维护国家和人民利益、帮人民圆梦以及办好大国外交的角度来看待领事保护与服务工作”③。对“外交为民”理念的不断强调，也是十八大以来外交话语的一个重要创新。

第三，区分对象目标，做到有的放矢。习近平总书记每一次出访演讲，几乎都会提及访问国与中国在历史上和现实中的友好交往。如在印度演讲时，他讲述了天竺高僧来到洛阳白马寺及玄奘西去天竺取经的故事；在刚果演讲时，提到三位当地中国华侨冒险救出12名刚果邻居的感人事迹；在莫斯科演讲时，他谈到抗日战争时期苏联飞行大队长库里申科来华与日机空战的历史。习近平总书记还经

① 习近平：《中国和平发展原则的底线》，新华网，http://news.xinhuanet.com/politics/2013-01/30/c_114560069.htm.

② 习近平：《在德国科尔伯基金会的演讲》，人民网，http://politics.people.com.cn/n/2014/0329/c1024-24772018.html.

③ 夏莉萍：《十八大以来“外交为民”理念与实践的新发展》，中国共产党新闻网，http://cpc.people.com.cn/n/2015/0206/c187710-26521276.html.

常引用当地诗歌和谚语，并用对方国家语言与听众打招呼以拉近沟通距离。如在印度演讲时，用“纳玛斯代”问好；在韩国首尔大学用“安酿哈西姆尼伽”向大学生打招呼；在坦桑尼亚用“阿桑特民萨那”表示感谢。出访斯里兰卡时，习近平总书记引用了斯里兰卡著名谚语“教人学会捕鱼，能使之永远不受饥饿”；在蒙古国国家大呼拉尔演讲时，习近平总书记道出了“邻里心灵相通，命运与共”；在印尼演讲时，一句“金钱易得，朋友难求”，更是引来台下听众的阵阵掌声。① 习近平总书记面对不同受众使用不同外交话语的语言风格，既体现了对主人的一种尊重，也能够融通中外、有的放矢。

第四，语言平易质朴，讲求以情动人。习近平总书记外交话语的一个最大特色就是口语化、接地气、通俗易懂，这是“习氏语言”最鲜明的风格。习近平总书记在严肃的外交场合善于用大白话深入浅出、解惑释疑，也善于用谈心式的语气娓娓道来、触动心灵。比如，他用“碗与勺子难免相碰”来形容周边国家要互相理解、和平共处；用“萝卜青菜各有所爱”比喻文明和文化的多样性；用“同样一桌饭，即使再丰盛，8 个人吃和 80 个人吃、800 个人吃是完全不一样的”，来阐明对中国发展困难的清醒认知；用“鞋子合不合适，自己穿了才知道”，讲一个国家发展道路选择的自主性。习近平总书记在各种演讲中还常常会谈及自己的人生经历和切身感受。譬如，他曾回忆起年轻时缺衣少食去放牛等艰苦却磨炼人的经历，提及年轻时热爱读书读过很多文学作品，“泰戈尔的《飞鸟集》《新月集》等许多诗句让我记忆犹新”②。这些私人和个性化的话语平易质朴、鲜活生动，能让听众产生共鸣，实现以情动人。习近平总书记鲜明的话语风格予人深刻印象，在国际社会引起强烈反响。

第五，强调文化自觉，传播中国声音。十八大以来的中国外交话语，有着鲜明

---

① 申亚欣：《习近平讲述“中国故事”诠释官方外交语言新“温度”》，人民网，http://politics. people. com. cn/n/2015/0421/c1001 -26882518. html.

② 孙敬鑫：《努力打造融通中外的新概念新范畴新表述——习近平总书记对外演讲的重要精神和理念研究》，中国网，http://home. china. com. cn/lmpt/lwjzwk/2015 - 02 - 09/a342891. shtml.

的中国特色、中国风格和中国气派。习近平总书记指出,“每个国家和民族的历史传统、文化积淀、基本国情不同,其发展道路必然有着自己的特色”①。要增强对外话语的创造力、感召力、公信力,就要讲好中国故事,阐释好中国特色,传播好中国声音。习近平总书记特别强调中华文化的独特作用,他认为中国故事的魅力植根于独特的中国文化,而中国文化的独特性是中国故事走向世界的名片。用好优秀中华文化,解释好中国文明,可以让国际受众态度软化、观点变化、立场转化,实现以文化人。② 譬如,“大同世界”阐释的全球观、“和而不同”体现的文化观、“天人合一”表达的自然观、“己所不欲、勿施于人”展示的伦理观、“行王道而非霸道”展现的平等观,都为我国外交话语的国际传播提供了精彩绝伦的文化资源。习近平总书记十分欣赏和热爱中华传统文化,经常在国际舞台和各种外交场合上引用典故和诗词来阐明中国外交政策。从“计利当计天下利”到“万物并育而不相害”,从“山积而高,泽积而长”到“己所不欲,勿施于人”,从“物之不齐,物之情也”到“一花独放不是春,百花齐放春满园”③,这些外交话语言简意赅、含义隽永,充分展示了中国传统文化的魅力,也取得了良好的传播效果。

三、中国外交话语权:从外交话语到国际权力

十八大以来,伴随着国际传播能力的不断增强,我国外交话语发展的一个突出特点和重大影响是:外交话语向外交话语权迅速转化,外交软实力向外交软权力成功过渡。作为一种国际权力,我国的外交话语权明显增强,使得我国的外交空间不断拓展,国际影响力显著提升。

话语权(Discourse Power)概念本是文化与传播领域研究的高频词,现在已经“溢出”到了政治学和国际关系领域。从福柯的“话语即权力”、哈贝马斯的“合法

---

① 《习近平:解决中国的问题只能在中国大地上探寻适合自己的道路和办法》,人民网,http://politics. people. com. cn/n/2014/1013/c1024 - 25825659. html.

② 文建:《把握国际话语权 有效传播中国声音——习近平外宣工作思路理念探析》,《中国记者》2016 年第 4 期。

③ 人民日报评论部:《习近平用典》,人民日报出版社 2015 年版,第 177 - 201 页。

性”到罗兰·巴特的符号学理论、鲍德里亚对“拟象与仿真”的论述都极大地丰富了话语权理论。福柯在《话语的秩序》一文中认为,话语不仅仅是一种言辞的表达,更是对社会实践主体具有支配性和役使性的强大社会力量,话语就是一种“权力”。① 西方的话语权理论相信,通过话语“干预”(intervention),即改变那些帮助形塑社会现实的话语,可以创造一个更加和平、公正和可持续的秩序。② 外交话语属于话语的一种,它也理所当然的希望自己能够对目标对象产生影响,发挥作用,取得吸引、说服乃至支配役使的效果,形成一种作为国际权力的“外交话语权”。虽然每个外交话语都以最终变现为某种权力作为其出发点和落脚点,不过在现实世界中,我们不能想当然地认为所有的外交话语一定能够通过转化变为国际权力。有的外交话语可以形成外交话语权,有的则完全不能。而且,有的外交话语非但不能变为权力,反而成为一种战略“负能量”,有损一个国家在世界上的影响力。

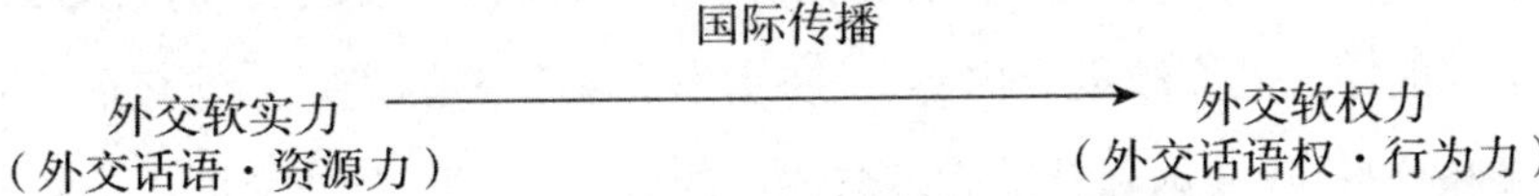

图1(自制)

美国政治学家约瑟夫·奈(Joseph Nye)的“软权力”理论可以用来解释外交话语是如何转化成外交话语权的。不同于以军事力和经济力为代表的“硬权力”,“软权力”指的是那种通过感召和吸引,形塑他人偏好,从而影响其行为的能力。③ 根据奈的观点,软权力的来源主要有三个:文化、政治价值观和(以外交话语为核心的)外交政策。④ 实际上,对“Soft Power”一词,中文有“软实力”和“软权力”两

① Stephen Frederick Schneck,“Michel Foucaulton Power/Discourse,Theoryand Practice”,Human Studies,Vol. 10,No. 1,1987,p. 15.

② Michael Karlberg,“The power of discourse and the discourse of power:pursuing peace through discourse ntervention”,International Journal of Peace Studies,Vol. 10,No. 1,2005,pp. 13 – 15.

③ Joseph S. Nye,Soft Power:The M eans t o S uccess i n World Politics, Public A ffairs,2005, p. 5.

④ Joseph S. Nye,The Futureof Power,Public Affairs,2011,p. 84.

种对应翻译。有学者认为两者其实是一回事,但也有观点认为从国家"软实力"到国际"软权力",两者有着不同的发展方向、实现路径和目标对象,它们并不尽然是一回事。① 笔者赞同后一种看法,即软实力为软权力提供要素和基础,但软实力并不必然自动生成软权力。这种转化必须满足一定的条件,并经过一定的步骤和程序才能实现。从图 1 可知,以外交话语为核心的外交软实力是一种资源力(Resource Power),只是具备了转化的可能性;而外交软权力是一种行为力(Behavioral Power),此时已经实现了从外交话语到外交话语权的转换。完成这种转化的是国际传播过程。由此可见,外交话语是否能向外交话语权成功转化以及转化后获得权力的大小强弱,主要取决于两点:一是转化什么,即外交话语的内容;二是怎么转化,即国际传播的平台、方法和手段。综合学者们的前期研究成果②,笔者认为,中国的外交话语要想在国际上得到传播和认同并进而转化成国际话语权,跟四个要素密切相关:第一,外交话语在国际上要有较高的关注度和认知性;第二,外交话语要能定义外交政策及内容,反映基本立场和价值;第三,外交话语要伸张全球正义和公平,代表国际社会大多数成员的心声;第四,对外交话语的传播要有创新高效的话语体系和传播平台。下面分别对应这四要素加以论述,以评估十八大以来中国外交话语权的发展状况。

---

① 郭洁敏:《从国家"软实力"到国际"软权力"——中国推进软力量建设的方向和路径》,《学术月刊》2012 年第 3 期。

② 张志洲:《如何增强中国媒体的国际话语权》,《对外传播》2011 年第 3 期;庞中英:《外交话语与国际权力的关系》,环球网,http://opinion.huanqiu.com/1152/2015-07/7074061.html;陈以定:《当代中国外交中意识形态建设与国际话语权建构》,《学术界》2012 年第 7 期。

表 1:Elcano“全球关注度指数”排名(1995 – 2014)①

关注度排名	新闻总条数	2010 – 2014 年报道数
美国	3066253	2224585
德国	1309783	879006
中国	1172688	860402
法国	1080376	737606
西班牙	1064674	823049
英国	1048008	741248

国际学界高度关注十八大后中国的发展及其外交走向,对此展开了持续的热烈讨论。基辛格(Henry Kissinger)、傅高义(Ezra Vogel)、沈大伟(David Shambaugh)、谢淑丽(Susan Shirk)等西方学者都对中国的外交话语表现出了特别的兴趣。② 如果说学术界对中国外交话语的关注还不具有广泛代表性,那么新闻界和公众舆论对中国愈发高涨的兴趣则很能说明问题。根据表 1 埃尔卡诺(Elcano)“全球关注度指数”排名可以发现,2010 年至 2014 年,由国际通讯社终端机提供的客户订阅新闻数统计,涉及中国的有 860402 条,仅次于涉及美国的 2224585 和涉及德国的 879006 条。换句话说,十八大前后这几年,中国的全球关注度排名第三。当然必须指出,对中国的关注并不完全等同于对中国外交话语的关注,但是两者的相关性显而易见。此排名依然可以作为对中国外交话语关注度和认知性的重要参考。

十八大以来,习近平总书记针对国际关系和我国外交战略提出了一系列的新思想、新理念和新表述。其中,“和平、发展、合作、共赢是时代潮流”“坚定不移走和平发展道路”“周边外交突出体现亲、诚、惠、容的理念”“坚决维护国家核心利

① Elcano Royal Institute,Elcano Global Presence Report,(http://ww w. globalpresence. realinstitutoelcano. org/en/home)。西班牙皇家埃尔卡诺研究所(Elcano Royal Institute of Strategic and International Studies)通过建立包括经济、军事、科技、社会和文化等 14 个指标的“埃尔卡诺全球影响力指数”,每年对 5 0 多个国家进行综合性研究分析。其发布的各项排名,不但可以反映全球发展大趋势,还能更好地了解各个国家的不同发展战略。埃尔卡诺相关指数排名,现在是世界上用来分析国家软权力和国际影响力最具权威性和最好的资料之一。

② 赵可金:《中国外交 3. 0 版:十八大后的中国外交新动向》,《社会科学》2013 年第 7 期。

益”“对外开放依然是中国的基本国策”“积极实施‘一带一路’倡议”等外交话语反映了我国外交的基本立场和价值内涵，界定了外交政策及其实施内容；“打造人类命运共同体”“中国梦与世界各国人民的美好梦想相通”“推进全球治理体系向着公正合理方向发展”“坚持正确义利观，义利兼顾、以义为先”等外交话语则反映了国际社会大多数成员的心声，伸张了全球正义和公平，受到了各国特别是发展中国家的普遍欢迎和支持。

十八大以来，以习近平同志为总书记的党中央高度重视对外宣传和国际传播工作发展。习近平总书记多次强调，要加强国际传播能力建设，精心构建对外话语体系，增强对外话语的创造力、感召力和公信力。从传播硬件建设上看，中央主要对外媒体如新华社、CCTV 国际频道、中国国际广播电台等都积极在海外设点驻站，大力开拓国外受众市场。传统媒体纷纷加强网络传播能力建设，并利用社交媒体发布各种信息；与此同时，网络、手机多媒体、APP 新闻客户端等新兴媒体和技术平台也一日千里。创新高效的国际传播平台正在建设与发展中。① 从传播软件建设上看，有关方面深入挖掘中国传统文化思想，努力探索融通中外的话语体系，力图更好地讲述中国故事、阐释中国梦想、传播中国声音，最终树立当代中国“文明大国”“东方大国”“负责任大国”和“社会主义大国”的良好形象。在传播的软件和内容，即到底要传播什么外交话语这点上，现在这道“大菜”的成色比以前好看了许多。

表 2：Elcano“全球影响力指数”排名（2011 - 2016）②

年份	中国排名	总排名
2016	2	美国、中国、欧盟

① 孟威：《改进对外传播，构建“中国话语体系”》，《新闻战线》2014 年第 7 期。

② Elcano Royal Institute, Elcano Global Presence Report, (http://ww w. globalpresence. realinstitutoelcano. org/en/home)。西班牙皇家埃尔卡诺研究所（Elcano Royal Institute of Strategic and International Studies）通过建立包括经济、军事、科技、社会和文化等 14 个指标的“埃尔卡诺全球影响力指数”，每年对 5 0 多个国家进行综合性研究分析。其发布的各项排名，不但可以反映全球发展大趋势，还能更好地了解各个国家的不同发展战略。埃尔卡诺相关指数排名，现在是世界上用来分析国家软权力和国际影响力最具权威性和最好的资料之一。

续表

年份	中国排名	总排名
2015	3	欧盟、美国、中国
2014	4	美国、英国、德国、中国(363.5)
2013	4	美国、德国、英国、中国(341.4)
2012	4	美国、德国、英国、中国(308.4)
2011	5	美国、德国、英国、法国、中国

注:2015 年,欧盟作为一个整体开始纳入埃尔卡诺"全球影响力指数"排名。

综上所述,十八大以来,数据显示我国外交话语的国际能见度和关注度得到进一步增强;习近平总书记的相关外交话语亦清晰地表明了我国外交的基本立场和价值内涵,同时反映了国际社会大多数成员的心声;此外,无论是从硬件建设还是从软件建设上看,从传播什么到怎么传播,我国的国际传播能力建设都取得了长足进步。由此,我们可以初步推断,伴随着外交话语的发展和国际传播能力的增强,我国的外交话语权也显著提升,国际影响力不断提高。表 2 埃尔卡诺(Elcano)"全球影响力指数"排名证实了上述推断。根据此排名,我们可以发现,十八大前的 2011 年,中国的全球影响力排名第 5。从 2012 年到 2014 年,虽然全球影响力都排在第 4 位,但指数得分却逐年稳步上升,从 308.4 分一路上升到 363.5 分。2015 年,中国的全球影响力排名升到第 3 位,名列欧盟和美国之后。根据 2016 年的统计数据,中国的全球影响力已经正式超过欧盟,跃居世界第二,仅次于美国。十八大至今不到四年,中国的全球影响力排名上升了 3 位,这可以说是一个相当亮眼的成绩。

结语

十八大以来,以习近平同志为总书记的党中央高度重视外交工作,大力推进外交理论和实践创新,提出了一系列新思想、新理念和新表述,开创了中国特色大国外交的崭新局面。中国外交话语的创新发展和国际传播能力的不断提高,也使我国的外交话语权和国际影响力显著增强。不过,尽管我们在外交话语权和国际影响力拓展方面取得了不小的成绩,但也应该清醒看到,目前国际传播格局中"西强我弱""北攻南守”的总体态势没有得到根本改变,外交话语权的斗争依然十分激烈。

为进一步发展和完善中国外交话语,巩固和提升外交话语权,开创中国特色大国外交工作新局面,笔者认为,未来除需要继续创新外交话语的表达方式,拓展立体多元的传播平台外,还要积极大胆地增加外交话语中的规范性要素。在当今全球化和多元化的时代中,各种文明潮流碰撞交锋、互鉴共存,增强外交话语的道德性和感召力显得尤为必要和重要。随着中国经济总量和国际影响力跃升世界前列,我们的道路自信、理论自信和制度自信不断增强,文化自觉也愈加明显。有学者认为,今天的中国不需要也不应当再回避谈论人权、民主等话题,现在应该高举价值观外交的大旗。①

习近平总书记关于人权、民主和法治的重要论述,如“在人权问题上没有最好只有更好”“人民民主是社会主义生命”“司法工作的目标是使社会公平正义成为核心价值”等,②话语生动、言辞自信,具有很强的说服力。我们对人权、民主、法治等规范性价值观的诠释不必随西方起舞。与之相反,我们还可以大胆出击,积极主动地向世界表达我们对经济、社会、文化等第二代人权的重视、对司法人民性的倡导、对协商民主的积极推动。这些主张是对长期以来被西方视为“禁脔”的价值观议题的校正和澄清,具有很强的道德感召力与说服性,会得到世界各国尤其是第三世界发展中国家的认同与支持,从而增强我国外交话语权和国际影响力。

(原载于《社会主义研究》2016 年第 5 期)

---

① 王义桅:《“和主义”是价值观外交的重要切入点》,环球网,http://opinion. huanqiu. com/opinion_world/2015 - 07/6984698. html.

② 中共中央宣传部:《习近平总书记系列重要讲话读本》,学习出版社 2016 年版,第 85 - 98 页。

传统文化与十八大以来中国外交话语体系构建*

文化是一个民族在历史发展过程中积淀而成,最终体现为该民族独特的话语、思维和实践。任何一个国家民族能够绵延繁衍,也必有一套文化传统来维系和推动。① 而一个国家的外交政策一方面受文化传统的影响,另一方面也体现其文化特性。文化传统不仅在确定一国外交目标中起着重要作用,对外交手段、方式和风格也产生直接影响。因此,具有不同文化传统的国家,其外交的民族特色也存在差异,中国外交强调和平、和谐、合作、共赢。自十八大以来,随着中国国力的增强和世界影响力的提升,中国外交客观上有了更多在以前并不具备的体现自身文化传统的战略空间与条件。而在主观层面上,中国已成为世界大国,正努力践行中国特色大国外交,文化自觉和文化自信明显增强。中国外交在理论与实践方面不断创新,凸显了中国文化传统的内涵与哲学根基,体现出中国传统文化与中国外交理念和政策之间的逻辑关联,彰显了中国文化对中国外交的深刻影响。与此同时,中国正面临完善外交话语体系的任务。长期以来,在国际关系学界,非西方国际关系理论和外交理论几乎不存在,在以中国为代表的非西方国家发展的过程中,很多战略和政策问题都被套用西方理论来解读,西方理论、西方思维、西

---

* 本文作者:孙吉胜,外交学院教授。
基金项目:本文是国家社科基金专项项目"中国传统文化、中国外交战略与中国外交话语体系构建"(项目编号:16ZZD029)的阶段性成果。

① 钱穆:《中国文化十二讲》,九州出版社 2011 年版,第 2 页。

方话语被简单地用来解释非西方内容,因此很难切合实际。因此,完善外交话语体系,可以更好地解释中国外交,使世界更好地理解和接受中国的外交理念与实践,对中国提升国际话语权、改善话语地位也具有重要意义。基于文化对外交的影响,本文认为从中国的传统文化入手,系统诠释其与中国外交实践之间的必然联系,是完善中国外交话语体系的重要路径,同时也是把中国传统文化资源更好地转化为理论与实践软实力的必然选择。而重新思考中国,重新思考中国传统文化,也是重新思考世界,①这种努力也可以进一步显示理论是多元的,外交话语同样也是多元的。

一、文化、外交与中国外交哲学

文化与外交一直相互影响,中国文化塑造了独特的中国外交哲学,影响中国外交的方方面面。

(一)文化与外交

文化与外交一直具有不可分割的联系。文化是一个民族在其发展过程中所创造和积累的物质财富和精神财富,包括知识传统、世界观、生活方式、思维方式等。不同学者对文化的定义不尽相同。国内有学者认为文化的核心是人的行为模式和价值观。② 泰勒把文化看作是一个复杂的整体,包括知识、艺术、道德、信仰、法律和风俗等以及作为社会成员的人所获得的习惯和能力。③ 而克利福德·格尔兹则认为,人们的思想、价值、行动甚至感情,就像其神经系统自身一样,都是文化的产物。④ 由此可见,一个国家的文化体现为一系列传统,是一个国家行事的背景知识,不仅塑造思维和观念,同时也决定行为规范和习惯。每个国家的外交必然体现本国的文化特色,文化对其外交目标、手段、方式

---

① 赵汀阳:《天下体系:世界制度哲学导论》,江苏教育出版社 2005 年版,第 16 页。

② 辜正坤:《中西文化比较导论》,北京大学出版社 2007 年版,第 156 页。

③ 孙吉胜:《国际文化领域的大国关系》,秦亚青主编:《大国关系与中国外交》,世界知识出版社 2011 年版,第 259 页。关于文化的其他定义可参见该书第 259—261 页。

④ 克利福德·格尔兹:《文化的解释》,韩莉译,译林出版社 2014 年版,第 63 页。

和风格都会产生影响。

首先一个国家的文化直接影响其世界观、行为方式和行为习惯。文化作为一种背景知识会直接对人的价值观、行为方式和习惯产生影响,具有相同文化背景的人实际上处于一个独特的文化共同体之中。而处于不同文化共同体中的人,其社会实践和互动方式也会有差异。按照西方理性主义的观点,人们在选择行为时会遵从理性逻辑,经过成本与收益的核算后,选择使自己收益最大化的行为。而按照适当性逻辑,国家会选择符合其身份和社会规范的行为方式。在实践中,行为体的行为经常是一种惯习,主要受社会文化环境的影响,这种环境成为行为体行为选择的背景知识。具有相同背景知识的人,其思维和行为方式更易趋同,行动更易协调一致。按照约翰·塞尔对背景知识的研究,很多时候人们在无意识地做一些事情,他们尽管是在遵守一些规则,但是对于这些规则太过熟悉,以至于已经意识不到对它们的遵守,而使行为处于下意识状态,这种下意识状态实际是在背景知识引导下的一种具有倾向性的行为。① 因此,具有同样背景知识的人,认知大致相同,行为经常具有相似性。与背景知识的影响相似,布迪厄在社会理论中所提出的"惯习"概念也提供了与背景相类似的解释。惯习主要指习惯、习性,但不仅是单纯反射性的习惯,而是通过长时间生活、学习实践后累积下来、被视为理所当然的一种习性。福柯所提出的历史先验知识也具有类似功能。历史先验知识是被赋予历史形式的先验知识,无人可以避免历史先验知识的影响。②

对于国家而言,统治本身以及外交政策的制定也是在一定的文化背景中发生

---

① 关于背景知识如何发挥作用,可参见 John R. Searle, *The Construction of Social Reality*, The Free Press, 1995。该书第六章《背景能力与社会现象的解释》对背景知识如何在社会现象的建构和理解过程中发挥作用进行了详细论述。

② 莫里斯·布良肖(Maurice Blanchot),《我想象中的米歇尔·福柯》, https://www.amazon.cn/dp/BooI2KOEHK/rel = sr _ 1 _ 1? s = digital - text&ie = UTF8&qid = 1485311092&sr = 1 - 1&keywords = % E7% A6% 8F% E6% 9F% AF, 2015 年 7 月 8 日。

的,会体现其文化传统、政治思维定势和惯性,直接影响具体行动的实施。[①] 具体到对外交问题的感知和政策选择,情况也是如此。人们对外交话语或行为的理解也会相似,反之亦然。这种现象在异质文化之间表现得更明显。异质文化的国家间更易相互产生偏见和误解,一个国家认为是正确、正常的行为,在另一些国家眼里可能会被认为是不可思议的。在实践中,人们会无意识地用本国的标准去衡量和判断其他国家的行为。对于中国这样一个历史悠久、传统丰富的国家,其外交话语和行为更易招致偏见和误解。西方人对中国历史文化缺乏了解、不具备中国人所具有的背景知识,实际上也是西方和中国产生误解和沟通不畅的根本原因之一。与此相对,同质文化的国家更容易相互理解,更易达成共识,亨廷顿的"文明冲突论"也显示了这一点。

其次,一个国家的理论构建也会体现文化差异。理论是系统化的思想,用来解释、描述和预测现实。[②] 文化是理论构建的重要源泉,理论构建者都是生于某个特定的时间和文化空间中,其理论构建也会体现浓重的文化印记。[③] 战后美国学者提出的很多概念,发展的很多理论,如大国悲剧、霸权转移、修昔底德陷阱等大多是根植于西方的历史经验。而以巴里布赞为代表的英国学派所提出的核心概念"国际社会",实际上也是基于欧洲的历史和国际关系实践,所谓的国际社会实际上是以欧洲为中心的国际社会。但是,得益于西方的话语和学术霸权地位,这些理论经常被用来解释他国的外交实践。理论构建的文化根基差异为不同国家之间彼此理解和诠释各自的对外政策和行为造成了困难,对于处于弱势话语地位的国家尤其如此,如很多西方国家对中国的外交理念和政策经常理解得不全面、不准确、不到位。中国外交经常被置于西方传统的国际关系理论之下来加以

---

① 伊曼纽尔·阿德革、文森特·波略特:《国际实践》,秦亚青等译,上海人民出版社 2015 年版,第 14 页。

② 详见 Steve Smith,"Introduction:Diversity and Disciplinarity in International Relations Theory", in Tim Dunne,et al. ,eds. ,International Relations theories:Disciplines and Diversity,Oxford University Press,2007,pp. 1 – 12。

③ 关于文化与理论建构的详细论述,参见秦亚青:《关系与过程:中国国际关系理论的文化建构》,上海人民出版社 2012 年版,第 12—25 页。

解读,如大国冲突、结构性矛盾、人道主义干预、保护的责任、威胁论等。以米尔斯海默为代表的"大国冲突论"用以预测霸权国和崛起国之间的战争,按照这一逻辑,不冲突、不对抗的新型大国关系就不可能出现。而不冲突、不对抗、相互合作、互利共赢恰恰体现了中国传统文化所崇尚的和谐共生、和平共处理念。中国提出"一带一路"倡议之后,西方很快就出现了"马歇尔计划"的类比,很难与"共商、共建、共享"原则相对应。可见,西方理论很难准确解释中国的外交实践,也不可能预测中国外交的未来。以西方传统、思维和逻辑来解释中国行为时,中国外交内含的深层次文化传统经常会被忽视,因而误读、误解就在所难免,从这个角度来说,作为世界大国的中国迫切需要发展自己的理论,完善自己的理论话语体系。

再次,一个国家的外交政策不可避免会受文化传统的影响,体现本国的文化特征。对于一国外交而言,其外交在借鉴与吸收他国理论的同时,也都会体现其民族文化特征。文化传统对外交目标的确立,对外交手段、外交方式和外交风格都会产生影响。具有不同文化传统的国家其外交的民族特色也存在较大差异。中国的传统文化也同样决定了中国的世界观、价值观、利益观以及中国人的行为方式。中国自古以来崇尚和平,尊重差异性,追求和而不同,主张兼容并蓄。与历史上西方文明对外扩张不同的是,"中国对本国文明的认识不包括侵略性使命。不去提高世界其他地区的文明程度,也不给自己增加负担。"①这些都显示出中国强调内向发展、不事扩张的文化传统。

(二)中国文化与中国外交哲学

中国优秀传统文化塑造了中国独特的外交哲学。哲学很多时候体现为一种态度,一种思维和行为方式,涵盖人的基本信仰和价值观,决定了个体看问题的角度和解决问题的思路。周恩来在1963年会见埃及客人时就强调中国传统文化对其外交风格的影响,"我们中国人办事有这样一些哲学思想。这些优秀的哲学思

① Mark Mancall, *China at the Center:300 Years of Foreign Policy*, The Free Press, 1984, p. 11,转自张妍:《传统文化与中国外交》,《国际关系学院学报》1998年第3期,第9页。

想来自我们优秀的民族。"①杨洁勉将外交哲学定义为"国家对外关系的基本原则和价值观,研究有关'存在''意识'和'知性'的规律"。② 中国传统文化孕育了中国独特的外交哲学,是中国哲学在外交领域的体现,决定了中国外交理念与政策的独特之处,也是中国特色和中国风格的体现。尽管传统文化在不同时期对外交的具体影响强弱不同、影响形式也不尽一致,但其对思维方式的影响大致相同,具体体现在以下四个方面。

第一,重视整体思维,强调关注大势。中国传统文化的主流是以个体农业经济为基础、以宗法家庭为背景、以儒家伦理道德为核心的社会体系,该体系使中国形成了从家庭推而扩大、以社会群体为本位的集体主义价值取向。中国人从小接受的"光宗耀祖""为集体争光""家国天下"等教育都是重集体、重整体的体现。钱穆认为中国人的"家""国"传统几千年来一直没有变。③ 中国文化也形成了强调整体性、强调群体思维的特点。西方人长于分析,中国人强于综合。与西方强调个人主义不同,中国文化强调每个个体都是群体的一部分,个人的价值通过群体来体现。这种整体性思维要求人们从全局而非局部出发来看待事物的性质和联系,并从中发现规律。同时,做任何事都必须应时而上,顺势而为,因势利导,趋利避害,就如《孙子兵法》对"势"的强调,重在看力量强弱及总体趋势的不断变化。周恩来在早年就写下"无论为何种事业,当其动作之始,必筹划其全局,预计其将来,成一希望在"。④ 中国外交注重系统性和长远性,注重从历史角度、从战略全局的高度观察、思考和处理问题着眼于长远和根本利益。对于这种特点,基辛格用中国下围棋和西方下象棋来类比,围棋追求相对优势和长期包围,而非像西方象棋那样攻击对方的王而获全胜。⑤ 中国外交无论是理念还是具体政策也

---

① 《周恩来政论选》,中央文献出版社 1993 年版,第 872 页。转引自王湛森:《从中国传统哲学文化看周恩来外交思想》,《广东工业大学学报》2007 年第 4 期,第 55 页。

② 杨洁勉:《中国外交哲学的探索、建设和实践》,《国际观察》2015 年第 6 期,第 2 页。

③ 钱穆:《中国文化十二讲》,九州出版社 2015 年版,第 14 页。

④ 曹应旺:《周恩来:中国外交第一人》,山西人民出版社 2009 年版,第 103 页。

⑤ 基辛格:《论中国》,胡利平等译,中信出版社 2012 年版,第 18—20 页。

都首先强调国际国内整体局势,强调要顺应世界潮流和整体变化,顺时应势,与时俱进。在不同历史时期,中国都会先对国际形势做出整体形势和时代潮流的判断。在中国改革开放之前,邓小平对国际形势做出了和平的整体判断,认为世界不会爆发第三次世界大战,在此基础上提出了中国的对外战略。而当前中国对世界的描述则是“世界多极化、经济全球化、文化多样性和信息社会化”。对外交的要求是认识世界发展大势、跟上时代潮流。除了对国际形势的整体判断外,中国外交也比较善于整合各种力量,使其形成一种整体性概念,在整体框架下推进各种关系的发展。例如,中国创建了中国与中东欧国家的“16+1”机制,使其从无到有不断完善;与非洲开启了“中非合作论坛”,引领中非合作不断深入。此外中国外交也历来重视对局部整体形势的管理,使小环境关系变得顺畅,这样接下来解决问题就相对容易。中国在面对危机或是冲突时,总是强调以对话、协商等方式来解决,先把关系理顺,为后续解决问题奠定基础。关系理顺了,很多问题就好谈,好解决。毛泽东在1956年与缅甸总理吴努会谈时就指出,“只要双方友好,边界问题就好解决。”①即使是针对潜在的外国敌人,也是努力结成比较容易驾驭的关系。②

第二,坚持中庸之道,强调事物的关联性。中国人对事物的看法与西方不同,重视事物间的关联性,而非西方的简单类别性思维。西方思维从“分”开始,重差异,具有代表性的是黑格尔辩证法,强调诸般二元对立,如善与恶、美与丑、天堂与地狱,彼此间水火不容。受西方对立思维的影响,在西方外交实践中,人们经常认为,如果自己是对的,那么与自己不同的就一定是错误的,非黑即白,非敌即友。当对方与自己不同时,自己就需要去改变对方,使其与自己相同,如美国通常以“善恶相争”的术语来看待这个世界。③ 中国思维强调包容互鉴,非二元排他,亦

① 毛泽东:《只要双方友好,边界问题就好解决》,《毛泽东外交文选》,中央文献出版社、世界知识出版社2011年版,第233页。

② 基辛格:《论中国》,胡利平等译,中信出版社2012年版,第16页。

③ 阿米塔·阿查亚:《美国世界秩序的终结》,袁正清、肖莹莹译,上海人民出版社2017年版,第152页。

即两个对立的事物尽管对立，但可相互补充、相互依存、相互转化，就如同两极、阴阳，双方各有优势，最终形成一个由差异构成的和谐整体。而每一事物都是在与他者的关联中显示出自己存在的意义和价值，任何事物都同时具有两重性。同时，中国的辩证思维是一种互容式思维，而非西方的分离式思维。① 中庸之道要求始终保持适度原则，坚守中正，不走极端。个人在愿望和能力之间要寻求一个平衡点，要约束自己的行为和欲望，不能超出限度。看待任何事物都要坚持对立统一的观点，不能简单地一分为二，要包容互鉴，兼容并蓄。

第三，崇尚和合，重视和平。重和合一直是中国传统文化的精髓。“和”在古代原指各种乐声的相互应和，后升华为人们对宇宙和谐的向往。中国古人将音乐的和谐作为处理人与人、人与社会、人与天地等各种关系的模型。② 追求和谐成为中国文化的一个传统，“和为贵”“尚和合”主要描述各种不同性质的事物相互对立与冲突、继而融合趋同的辩证过程，③体现了中为本、和为道的思想，这种思维方式也是一种和谐辩证法。④ 即使面对相互对立的事物，也要尽力调和二者之间的矛盾，努力使之向好的方向发展，最终达成和谐状态。《易经》强调“天人合一”，也要靠“和”来协调、融合。⑤ 长期以来，中国形成了“和合”文化：一是人与自然的和谐，天人合一，只有“天地调合”，才能“日有长久”。二是人与人的和谐。人首先应该“致中和”，做事不偏不倚，公平处理，对不同的人要区别对待，孟子强调的“天时不如地利，地利不如人和”正是如此。三是强调治理国家的和谐，追求天下大同。一个国家“和则能久”。四是强调国与国的和谐，憧憬协和万邦。只有外部环境和平时，国家才能将主要精力放在社会经济发展上，人民才能安居乐业。五是内心和谐。中国人一直强调修心，内心和谐是一种最高境

① 秦亚青：《关系与过程：中国国际关系理论的文化建构》，第 50 页。

② 邢丽菊：《从中国文化角度解析中国周边外交新理念——以“亲、诚、惠、容”为中心》，《国际问题研究》2014 年第 3 期，第 18 页。

③ 王湛森：《从中国传统哲学文化看周恩来外交思想》，第 55 页。

④ 秦亚青：《关系与过程：中国国际关系理论的文化建构》，第 13 页。

⑤ 王湛森：《从中国传统哲学文化看周恩来外交思想》，第 55 页。

界。儒家崇尚以德服人的"王道",反对以力服人的"霸道"。墨家的"兼爱非攻"思想、老庄"道法自然"的和谐思想、朝贡体系下历代王朝的怀柔远人政策,都是和为贵思想和价值的体现。① 在这种思想的影响下,中国文化一直保持高度的包容性和融合性,并把这种文化精神融入中国外交的指导思想,成为中国历来奉行和平外交政策的一个思想本源。"和而不同"也一直是中国外交处理问题、解决矛盾的重要原则。

第四,正确对待事物差异,强调转化性思维。中国文化一直强调辩证地对待差异,认为在一定条件下矛盾对立双方可以相互转化,这就是人们所强调的"同"与"异"的关系。老子的思想最具代表性。他在《道德经》中强调"有无相生,难易相成,长短相形,高下相倾,音声相和,前后相随","祸兮福之所倚,福兮祸之所依。"②天下万物之间相互关联,相互转化。《周易》"生生之谓易",强调世界不断发展变化,变化是事物存在的基本方式。③ 世界万物恒常变化发展,宇宙万物变动不已,是一个一阴一阳、一阖一辟的对立统一过程。《易经》强调,"易穷则变,变则通则久"。中国领导人谈到在激烈的国际竞争中如何掌握主动时也指出,"机遇和挑战,利和弊都是相对的,在一定的条件下可以相互转化。古人说'物无不变,变无不通'。"④戴秉国 2016 年在中法关系研讨会开幕式的致辞中强调,"'变'中包含着'不变','不变'中孕育着'变'。这是中国式哲学思维的辩证法,对我们研究国际形势也有很强的借鉴意义。"⑤中国外交一直强调事物本身是不断变化的,好与坏、先进与落后都不是绝对的,即使在不利的条件下也要创造有利条件。在实践中,必须适应变化,不断调整,解决问题的方法不能一成不变,而应因时因地

① 李丹:《从"韬光养晦"方针看传统文化对当代中国外交的影响》,《福建行政学院学报》2016 年第 6 期,第 2 页。

② 彭自强:《中国哲学史教程》,西南师范大学出版社 2004 年版,第 88 页。

③ 王湛森:《从中国传统哲学文化看周恩来外交思想》,第 56 页。

④ 江泽民:《在激烈的国际竞争中掌握主动》,《江泽民文选》第 3 卷,人民出版社 2006 年版,第 455 页。

⑤ 《戴秉国同志在中法关系研讨会开幕式上的致辞》,外交部网站,http://www.fmprc.gov.cn/web/ziliao_674904/zyjh_674906/t1420433.shtml,2016 年 12 月 1 日。

因事而变,要根据不同时代、不同事情,采取不同方法,灵活变通。对于一些国际和地区的热点和难点问题,关键是要引导事物向好的方向转化,而不是通过简单的制裁、镇压甚至靠军事暴力手段解决。此类事例在中国外交中不胜枚举。例如,中国采用"一国两制"与英国灵活解决了香港问题。改革开放以来,中国与国际体系的互动也可以说明这一点。尽管中国在重返联合国后对国际体系的很多方面比较排斥,但还是灵活地选择性参与,通过这样一个过程使自己和国际体系都发生了变化。

二、十八大以来中国外交的文化自觉

受传统文化影响中国具有自己独特的价值观、思维方式和民族精神,无论是否出于主观意识,这些影响一直都存在。而实际上,中国传统文化中蕴藏着丰富的政治智慧,是一种丰富的"软实力"资源。约瑟夫·奈曾指出,中国优秀传统文化,尤其是儒家文化是中国在思想文化领域最大的软实力。① 从新中国成立至今的外交实践来看,无论是新中国成立初期的和平共处、改革开放时期的和平发展,还是21世纪初提出的"和谐世界"、当前强调的"人类命运共同体",都与中国传统文化的精髓密不可分。但是,文化对国家外交实践和对外政策的影响方式和程度,受一定时期人们的认知水平、国际时代背景、国内条件、利益需求、社会制度等因素的制约和影响,在不同时期显示出不同特点。② 十八大以来,中国明确提出践行中国特色大国外交,中央外事工作会议也要求中国外交要体现中国特色、中国气派和中国风格,中国外交更加积极进取。同时,中国与世界的关系也发生了变化,中国随之面临更多深层次问题如中国外交与其他大国的外交有何不同、中国和西方国家相比可以为世界提供怎样的公共产品、为世界贡献怎样的治理理念等。这些问题迫使中国对自我进行再认识,而再认识过程本身也是重新认识和思

---

① 陈明琨、徐艳玲:《近年来"中国特色对外话语体系"研究述评》,《中共四川省委党校学报》2016 年第 3 期,第 97 页。

② 张清敏、叶田田:《十八大以来中国外交中的文化因素》,《国际论坛》2016 年第 2 期,第 35 页。

考中国传统文化的过程。应该说,当前中国具备了文化自信和文化自觉的时代基础,具备了更多展示自己思想、理念和风格的条件、空间和意愿。文化自信成为中国"四个自信"的重要组成部分,中国外交开始体现出更多的文化自觉。

(一)中国文化自信和文化自觉的时代基础

中国的文化自信和文化自觉首先在于中国与世界关系的变化这一时代基础,这种变化既体现在客观层面,也体现在主观层面。

在客观层面,中国成为影响世界的最重要变量之一。随着中国经济实力和国际影响力的提升,中国已步入世界舞台中央,成为世界性大国。在经济方面,中国已经成为世界经济增长的引擎。作为世界第二大经济体,2014—2016 年中国对世界经济增长的贡献率约为 26%。根据有关国际组织的预测,2016 年中国、美国、日本经济增速分别为 6.7%、1.6%、0.6%,三国增长对 2016 年世界经济增长的贡献率分别为 41.3%、16.3%、1.4%。① 中国还成为 130 多个国家的最大贸易伙伴。中国 2015 年的 GDP 已达美国的 63.4%,比 2012 年上升 11 个百分点。预计未来 5 年,中国将进口 8 万亿美元的商品,吸收 6000 亿美元的外来投资,对外投资总额也将达到 7500 亿美元,出境旅游达到 7 亿人次。② 随着世界经济全球化的放缓以及反全球化和逆全球化思潮的出现,中国对世界经济的影响以及国际社会对中国的期待更是有目共睹。中国领导人在 2017 年达沃斯论坛发表演讲时,表达了中国坚定不移推动经济全球化的决心。③ 2017 年 5 月"一带一路"峰会期间,各方达成共识,并通过发表联合公报,同意推动全球化的进一步发展。人们普遍认为,"一带一路"倡议为全球化的未来发展提供了新思路。除了经济领域,中国在维护世界和平与安全、解决世界热点和难点问题方面也发挥了日益重要的作用。中国

① 梁敏、王宙洁:《解码中美 GDP:专家称 20 年内中国将是美国两倍》,《上海证券报》2017 年 2 月 6 日。

② 习近平:《共担时代责任,共促全球发展——在世界经济论坛 2017 年年会开幕上的主旨演讲》,《人民日报》2017 年 1 月 18 日。

③ 《习近平:坚定不移推进经济全球化》,新浪网,htpp://finance.sina.com.cn/world/gjcj/2017-01-18/doc-ifxzqnva3909135.shtml,2017 年 1 月 18 日。

向各国际组织缴纳的会费大幅增加,例如,中国缴纳的联合国会费2017年已占其总额的7.921%,仅低于美国的22%和日本的9.68%。① 越来越多的中国人开始担任国际组织高官,很多都是中国人首次当选。无论是在经济、政治、安全领域,还是在社会文化等其他方面,中国的国际存在都越来越明显,中国影响力越来越成为一种客观存在。客观上,中国已成为当前国际关系的一个自变量,而不像过去是一个因变量,那时候主要是被动加入、努力融入,很大程度上受制于他国。中国在世界体系中的被动程度减少,对世界和其他国家变化的敏感性和脆弱性也随之降低,本身的外交定力增强,可以更加坚定地实施自己的理念和政策。另一方面,国际社会期待中国在世界上发挥更大作用。各国希望中国继续发挥世界经济增长引擎的作用,在全球经济治理中发挥引领作用。2016年二十国集团杭州峰会期间,中国提出的一系列方案为全球经济治理注入了新活力。2016年9月3日,中美两国共同宣布完成《巴黎协定》国内批准程序,正式加入《巴黎协定》,为全球更好地应对气候变化带来了更多信心与希望。面对世界诸多不确定性,中国在对外政策理念、目标、原则和手段方面却更加明确,在政策实施过程中更加坚定。

在主观层面,这种变化首先体现在中国对国际体系的态度和本身意识的变化。回顾中国与国际体系的关系,可以看出中国与国际体系互动的清晰脉络。改革开放到90年代末,中国积极参与国际体系,加入国际组织、各类条约和公约,开始全面学习。例如,中国在加入世贸组织前后掀起了关于学习世贸组织规则的高潮。通过学习过程,中国自身也发生了诸多变化。20世纪90年代末至十八大之前,中国的参与更加深入,更具建设性。② 而十八大以来,除了建设性和深度参与之外,一个重要方面是中国更加自信,主动性增强,引领因素增多,积极有为的理念和举措不断增加。2016年世界出现了各种变局和乱象,加上世界经济低迷失衡、地缘冲突恶化、难民危机愈演愈烈、全球化和区域一体化遭遇挫折,使人们在

① "2017年会员国应缴纳的会费(所有的金额单位为美元)",联合国网站,http://www.un.org/zh/members/contribution.shtml。

② 关于中国与国际体系的关系,可参见秦亚青主编:《实践与变革:中国参与国际体系进程研究》,世界知识出版社2016年版。

担心世界不确定性的同时,也对世界的未来发展方向产生了诸多困惑和质疑。而中国坚定维护现有国际体系的决心和方案却非常明确,正如中国领导人在世界经济论坛 2017 年年会上所说,“中国方案是:构建人类命运共同体,实现共赢共享。”①

主观层面的另一个变化则体现在中国外交本身。在十八大后中国明确了自己的世界大国地位,提出要发展中国特色外交理论,践行中国特色大国外交。中国开始更多提出自己的理念、倡议和主张,主动意识、担当意识也明显增强,“一带一路”“亚投行”等都是典型例证。中国对全球治理的关注度前所未有,在 2015 年和 2016 年全球治理先后两次成为中央集体学习的主题。中国明确提出要推动国际秩序和全球治理体系朝着更加公正合理的方向发展,体现了中国负责任大国的担当意识。在 G20 杭州峰会期间,中国更是针对全球经济治理提出了中国方案,有力推动 G20 从危机应对向长效治理机制转型,在 G20 进程中留下了中国印记,对此,各方均给予高度评价,认为中国正成为一个领导者,引领世界经济、国际经济合作、全球经济治理走向新的方向。②

(二)十八大以来中国外交的文化自觉

十八大以来,中国外交的文化自觉日益明显,重新认识中国传统文化在外交中的作用,更加重视中国传统文化对外交的影响,也更加注重文化对外交的指导意义。

首先,把文化自信提升到国家战略高度。近年来,中国对自身传统文化、传统思想价值体系日益重视。2016 年 5 月和 6 月,中国领导人连续两次强调“文化自信”,指出“坚定中国特色社会主义道路自信、理论自信、制度自信,说到底是要坚

---

① 习近平:《共同构建人类命运共同体——在联合国日内瓦总部的演讲》,外交部网站,http://www.fmprc.gov.cn/web/ziliao_674904/zyjh_674906/t1431760.shtml,2017 年 1 月 19 日。

② 李保东:《杭州峰会:国际共识中国时刻》,外交观察网,http://www.faobserver.com/NewsInfo.aspx?id=11973,2016 年 9 月 18 日。

持文化自信”。① 在庆祝中共成立95周年大会讲话中，习近平对文化自信特别加以阐释，文化自信成为继道路自信、理论自信和制度自信之后的“第四个自信”。中央领导集体高度重视对传统文化的学习和传承。2013年12月，中央就提高国家文化软实力研究进行第十二次集体学习，强调要建设社会主义文化强国，着力提高国家文化软实力，它们“关系我国在世界文化格局中的定位，关系我国国际地位和国际影响力，关系‘两个一百年’奋斗目标和中华民族伟大复兴中国梦的实现。”②在2014年10月的第十八次集体学习中，中国领导人再次强调，要重视中华传统文化研究、继承和发扬中华优秀传统文化，中国文化被提升到中国软实力核心要素的地位。2017年1月中共中央办公厅、国务院办公厅印发《关于实施中华优秀文化传统传承发展工程的意见》，指出中华文化积淀了中华民族最深沉的精神追求，代表着中华民族独特的精神标识，是当代中国发展的突出优势，对延续和发展中华文明、促进人类文明进步，发挥着重要作用。意见指出，中国迫切需要深化对中华优秀传统文化重要性的认知，进一步增强文化自觉和文化自信。可见，中国对文化的重视已经提升到前所未有的国家战略层面，并将其落实到政策实践之中。

其次，更加强调文化对外交的指导作用。鉴于目前的国力和世界影响力，中国需要重新认识中国传统文化，重新向世界介绍中国文化，这一任务必要而紧迫。③ 关于新时期中国外交，在2013年第二次外事工作会议召开后，《人民日报》发表社论指出，“中国外交必须坚持传统价值，中国文化崇尚和谐，以和为贵，与人为善，己所不欲、勿施于人等理念深深根植于中国人的精神中。在对外交往中，我们要更好地体现平等相待、和而不同、诚心正义、利己达人等中华优秀传统文化价

① 《习近平主持召开哲学社会科学工作座谈会，强调结合中国特色社会主义伟大实践加快构建中国特色哲学社会科学》，《人民日报》2016年5月18日。

② 《创造中华文化新的辉煌——关于建设社会主义文化强国》，《人民日报》2014年7月9日。

③ 吴建民：《中国文化与中国外交》，《青岛科技大学学报》社会科学版2010年第2期。

值,让世界感受到中国外交的胸怀和气度,给国际关系带来新风范、注入正能量。”①国家领导人在讲话中经常强调中国传统文化,把传统文化提升到中国对外政策思想渊源的高度,既体现了领导人的价值观和文化情怀,也是文化影响国家政策和对外行为的直接途径。习近平在出访世界各地时都频频谈及中国传统文化,大量引用《论语》《礼记》《孟子》《荀子》《尚书》等文化经典。他引用“来不可失者,时也;蹈而不可失者,机也”来说明中美关系要顺应大势以“天高任鸟飞,海阔凭鱼跃”来说明太平洋有足够的空间容纳中美两国。② 关于中国的“和”文化,他指出,“中华民族历来是爱好和平的民族。中华文化崇尚和谐,中国‘和’文化源远流长蕴涵着天人合一的宇宙观、协和万邦的国际观、和而不同的社会观、人心和善的道德观,说明中华民族的血液中没有侵略他人、称霸世界的基因,这会让世界更好地了解中国文化,展示中国文化软实力。”③实际上,十八大以来中国提出的很多外交新理念都与中国传统文化有关,如引用“凡交,近则必相靡以信,远则必忠之以言”来阐述“亲、诚、惠、容”的周边外交理念,④以“真、实、亲、诚”来发展同非洲的关系。而“人类命运共同体”的提出,更体现出中国传统文化重和合的精髓,针对与许多国家和地区的双边关系,中国也相应提出了建设诸如中国—东盟命运共同体、中非命运共同体、中巴命运共同体、中拉命运共同体等命题。

第三,外交实践更加重视中国传统文化,注重宣传和展示中国文化与中华文明。对今天的中国来说,在外交中重视文化应该说是一个必然结果。正如马斯洛心理学所示,人们的需求是有层次的,首先是安全其次是经济,最后是文化与自我

---

① 《党报:中国外交必须坚持共赢理念、传统价值》,中国新闻网,http://www.chinanews.com/gn/2014/12-03/6838399.shtml,2014年12月3日。

② 习近平:《努力构建中美新型大国关系——在第六轮中美战略与经济对话和第五轮中美人文交流高层磋商联合开幕式 的致辞》,新华网,http://news.xinhuanet.com/world/2014-07/09/c_1111530987.htm。

③ 习近平:《在中国国际友好大会暨中国人民对外友好协会成立60周年纪念活动上的讲话》,《人民日报》2014年5月16日。

④ 《为我国发展争取良好周边环境,推动我国发展惠及更多周边国家》,《人民日报》2013年10月26日。

实现方面的内容。① 中国如今确实到了追求文化和自我实现的阶段。当中国与世界的关系开始从被动适应向主动塑造转变时,中国需要进行深层次的反思,思考当今中国的身份,中国的特性和特色,中国与其他国家有何不同,中国方案、中国特色、中国智慧如何得到彰显和体现。而所有这一切或多或少都可以从中国的传统文化精髓中寻找答案。“对绵延5000多年的中华文明,我们应该多一份尊重,多一份思考。对古代的成功经验我们要本着择其善者而从之、其不善者而去之的科学态度,牢记历史经验、牢记历史教训、牢记历史警示,为推进国家治理体系和治理能力现代化提供有益借鉴。”②中国传统文化与中国外交的关联,也经常出现在当前的中国外交话语中。习近平在讲话和文章中多次使用中国传统文化中的典故或是事例,来阐释中国传统文化对外交的影响。他在二十国集团工商峰会开幕式上指出,“和衷共济、和合共生是中华民族的历史基因,也是东方文明的精髓。中国坚定不移走和平发展道路。”③在谈到加强人文交流、不断增进人民感情时他表示,“以利相交,利尽则散;以势相交,势去则倾;惟以心相交,方成其久远。”④中国的“一带一路”建设更体现了古丝绸之路所孕育的和平合作、开放包容、互学互鉴、互利共赢精神与新时代中国倡导的平等互利、合作共赢的新型国际关系理念的融合与衔接。

第四,加强人文交流成为中国对外交往的重要组成部分。人文交流是国与国之间实现民心相通的重要途径。十八大以来,中国外交积极进取。到2016年底中国领导人共出访24次,访问48个国家,以周边和大国为重点、以发展中国家为基础、以多边外交为舞台、以构建全球伙伴关系网络为主要路径、以参与和引领全

---

① David M. Lampton,“A New Type of Major - Power Relationship:Seeking a Durable Foundation for US - China Ties”,*Asia Policy*,No. 16,2013,p. 67.

② 《政治局集体学习国家治理,习近平强调深入理解历史文化》,观察者网,http://www.guancha.cn/politics/2014_10_13_275739.shtml,2014年10月13日。

③ 习近平:《中国发展新起点,全球增长新蓝图——在二十国集团工商峰会开幕式 的主旨演讲》,《人民日报》2016年9月4日。

④ 《习近平在韩国国立首尔大学的演讲(全文)》,新华网,http://www.news.xinhuanet.com/world/2014-07/04/c_1111468087.htm,2014年7月4日。

球治理为开拓方向、以“一带一路”建设为对外合作重要渠道，实现了对五大洲不同类型国家元首外交的全覆盖。① 而在几乎所有的双边关系中，加强中外人文交流都成为重要的组成部分。中国与多国签署文化合作协议，建立文化中心，共同举办旅游年活动。中国尤其重视扩大两国民间和青年交流，便利两国人员往来，加强在文化、教育、旅游、媒体、卫生、体育等领域的合作，巩固双边关系的民意基础。此外，在一些重要节日，中国也积极在海外组织相关庆祝活动，宣传中国文化。例如，在春节期间，世界多地举行丰富多彩的庆祝活动，如美食街、春节游园会、传统民族歌舞、书法、传统服饰、画脸谱等中国文化体验活动，使春节成为全世界关注的节日，让国外民众有机会接触博大精深的中华文化，借此中国也拉近了自己与世界的距离。

由上可见，中国优秀传统文化使中国形成了自己的处事哲学和行为方式，这些已经成为一种持久的国家行为特点，并对中国外交产生了深远影响，使中国外交在追求和平、和谐、求同存异、包容互鉴等方面体现了很强的连贯性。而当主客观条件使中国能够更好更多地施展自己的思想、理念和行为方式时，中国优秀传统文化对中国外交的影响就更明显，因此，从传统文化入手来进一步完善外交话语体系是一个必然选择。

三、传统文化与中国外交话语体系建构

中国传统文化如果利用得法，将会成为最大的软实力资源，通过对传统文化的再发现可以将其系统用于中国外交话语体系的构建中来。而这就需要重新反思中国传统文化，系统研究其对中国人思维和行为的影响，对中国外交的影响。如果能够充分把握二者之间的内在逻辑关联就可以完善中国的外交话语，增强其对外感召力，形成一套具有中国特色的外交话语体系。若如此，不仅能更好地解

① 杨洁篪：《在习近平总书记外交思想指引下不断开创对外工作新局面》，外交部网站，http://www.fmprc.gov.cn/web/ziliao_674904/zyjh_674906/tl430589.shtml，2017 年 1 月 14 日。

释中国外交实践,减少西方国际关系理论对中国外交的误读,也可以为世界知识积累增加一种选择。本文认为,运用中国传统文化来完善中国外交话语体系,可以从中国的道路观、国家观、秩序观、价值观和交往观入手。

(一)道路观与中国特色大国外交

各国、各民族的发展道路受历史规律和主体能动性的制约,选择什么样的道路是历史条件和现实条件、国内条件和国际条件、主观条件和客观条件等综合作用的产物。道路决定国家的命运和前途。审视中国道路需要理解其背后的文明。中国历史悠久,文明绵延五千多年,从这个角度说,中国属于文明型国家,有其独特的传统和基因。不仅如此,中国还具有超大型的人口规模、超广阔的疆域国土、超悠久的历史传统、超丰富的文化积淀。① 这些不仅为中国的国家治理创造了机遇,也带来了诸多挑战,使中国在发展道路上没有现成模式可循。

中国一直坚持走自己的道路。中国传统文化一直强调"治大国如烹小鲜",中国必须按照自己的国情来选择适合自己的道路。"橘生淮南则为橘,生于淮北则为枳",这也正说明了照搬他国模式的后果。中国实际上一直在探索自己的国家道路,从毛泽东时期的"以苏为鉴",到邓小平时期对发展模式的探索、东欧巨变时中国对社会主义道路的坚持,再到今天中华民族伟大复兴的中国特色社会主义道路都是如此。正如习近平在2017年达沃斯论坛上所说,"中国立足自身国情和实践,从中华文明中汲取智慧,博采东西方各家之长,坚守但不僵化,借鉴但不照搬,在不断探索中形成了自己的发展道路。"②中国也支持其他国家探索符合本国国情的发展道路。他在阿拉伯国家联盟总部的演讲中再次强调,"一个国家的发展道路,只能由这个国家的人民,依据自己的历史传承、文化传统、经济社会发展水

① 张维为:《国际视野下的中国道路》,http://theory.people.com.cn/n/2015/0402/c40531-26788419.html。

② 习近平:《共担时代责任,共促全球发展——在世界经济论坛2017年年会开幕式上的主旨演讲》。

平来决定。”①“履不必同，期于适足；治不必同，期于利民。世界上没有放之四海而皆准的发展道路。只有能够持续造福人民的发展道路，才是最有生命力的。”②

中国的道路观决定中国外交无论是理论探讨还是政策实践都必须坚持自己的特色。尤其是在中国快速成为世界第二大经济体、中国与世界的关系发生巨大变化的关键时刻，中国的外交会直接决定中国与世界的互动成效，这也是我们明确提出要建立中国特色大国外交理论体系、全面推进中国特色大国外交实践的主要原因。③

（二）国家观和中国独立自主的和平外交政策

当中国成为一个世界大国，需要为整个世界贡献智慧和思想时，中国是一个怎样的国家，具有哪些民族特性，这些国家特性和民族特性从何而来就显得尤为重要，实际上这也是在回答我是谁的问题，而中国的传统文化决定了中国的国家特性。正如中国领导人在纪念孔子诞辰 2565 周年国际学术研讨会上所强调的，“当代中国是历史中国的延续和发展，当代中国思想文化也是中国传统思想文化的传承和升华。要认识今天的中国、今天的中国人，就要深入了解中国的文化血脉，准确把握滋养中国人的文化土壤。”④这些决定了中国采取怎样的对外政策。

首先，中国一直强调独立自主，自强不息。《周易》有言“天行健，君子以自强不息；地势坤，君子以厚德载物”，激励人们积极有为，勇于进取，坚持独立的人格，不为外物所影响，不被物质利益所诱惑，不为暴力威胁所屈服，高扬的是顶天立地

---

① 习近平：《共同开创中阿关系的美好未来——在阿拉伯国家联盟总部的演讲》，《人民日报》2016 年 1 月 22 日。

② 习近平：《共倡开放包容，共促和平发展——在伦敦金融城市长晚宴上的演讲》，外交部网站，http://www.fmprc.gov.cn/web/ziliao_674904/zyjh_674906/tl308131.shtml，2015 年 10 月 22 日。

③ 外交部党委：《党的十八大以来中国特色大国外交理论与实践》，《求是》2016 年第 6 期。

④ 习近平：《在纪念孔子诞辰 2535 周年国际学术研讨会暨国际儒学联合会第五届会员大会开幕会上的讲话》，《人民日报》2014 年 9 月 25 日。

的大丈夫精神。[1] 孟子强调“富贵不能淫,贫贱不能移,威武不能屈”,也体现了这样的精神。这种自强不息的精神使中国一直追求独立自主的外交政策。中国坚持从本国国情出发,强调独立自主与国家尊严,坚决维护国家独立、主权和领土完整,即使是在国力最弱的时候也不依附于任何大国。中国在国际事务中采取独立的立场和政策,不结盟,不屈从外来压力,也不把自己的社会制度和意识形态强加于人。尽管建国初期中国面临的国际环境挑战不断,但是中国还是一直保持独立自主、自强不息的气概。毛泽东强调,中国的革命和中国的建设都是依靠发挥中国人民自己的力量为主,以争取外国援助为辅。周恩来表示,“维护得来不易的民族独立,政治上自主而不允许任何外来干涉,经济上自立而不依赖外援,这是我们决定外交政策、处理外交问题的出发点。”[2]之后也都继承了这一原则。1989 年后,面对复杂和不友好的国际环境,中国领导人强调,“中华民族有着自己的优良传统,重视民族气节,绝不会屈从于任何外来压力。”[3]中国在坚持独立自主的同时,也奉行不干涉原则。正如毛泽东所指出的,“各国的事情要由各国自己管,这是个真理。”[4]“世界在变化不是一两个大国所能管住的。各国的事情应由各国人民来管,不能允许任何外国人干涉。”[5]不干涉内政原则早已成为和平共处五项原则的重要组成部分,而且中国也一直对国家主权和周边的国家安全问题比较敏感。[6]

其次,中国一直具有团结统一的传统,尽管历史上有过分裂,但是民族团结统一始终是主流。江泽民 1997 年在哈佛大学演讲时也着重谈到这一点:“悠久的中

---

① 张鑫:《中国传统文化对外交战略的影响及对策分析》,《淮北职业技术学院学报》2016 年第 1 期。

② 曹应旺:《周恩来:中国外交第一人》,第 22 页。

③ 江泽民:《香港必须有一个平衡的过渡期》,《江泽民文选》第一卷,人民出版社 2006 年,第 82 页。

④ 毛泽东:《中日关系和世界大战问题》,《毛泽东外交文选》,第 223 页。

⑤ 毛泽东:《我们很欣赏法国这种独立政策》,《毛泽东外交文选》,第 542 页。

⑥ Robert Sutter, *Chinese Foreign Relations: Power and Policy Since the Cold War* (3rd edition), Rowman & Littlefield Publishers, 2016, p. 19.

华文化成为维系民族团结的重要纽带。团结统一,深深印在中国人的民族意识中。中国历史上虽曾出现过暂时的分裂现象,但民族团结和国家统一始终是中华民族历史的主流,是中国发展进步的重要保障。"①

再次,中国始终坚持和平外交政策。追求和平一直是中国人的传统,中国的和合文化体现在追求和平的方方面面。费正清在研究中国历史和传统东亚国际体系时,认为中国外交政策的最成功之处就在于其非暴力,坚持运用外交努力而非强制性手段解决问题。② 从国家特性来看中国自古以来追求和平、合作,崇尚和谐,强调"仁爱""中庸",并将其奉为治理家国天下的要旨。既然治家之道被认为是处理国家问题和世界问题的普遍原则,那么自然要重亲亲、重完整、重和谐、重责任,四海为一家。③ 传统中国一直把自己视为世界中心,"普天之下,莫非王土;率土之滨,莫非王臣。"但是,与许多西方国家的价值观不同,中国的这种天下观并不是要向全世界扩张,更多的是强调文化感化。④ 相对于武力征服,中国希望通过自己树立表率,"招聘以礼,怀远怀德。"也正是基于这些民族属性和独特的天下观,中国历史上很少大规模对外扩张,也未有过海外殖民经历,郑和七下西洋便是典型例子。

纵观中国的外交史可以清晰看出,中国一直奉行和平外交政策,从新中国成立初期至今初心未改。毛泽东曾明确表示,"中国要和平。凡是讲和平的,我们就赞成。"⑤1955 年他在同印尼总理谈话时说,"就是西方国家,只要它们愿意,我们也愿意同它们合作。我们愿意用和平的方法来解决存在的问题。"⑥新中国成立初期,中国和印度、缅甸等国一起努力,把和平共处五项原则确立为处

---

① 江泽民:《增进相互理解,加强友好合作》,《江泽民文选》第 2 卷,人民出版社 2006 年版,第 60—61 页。

② John Fairbank, ed. , *The Chinese World Order*, Harvard University Press, 1968,转引自秦亚青:《关系与过程:中国国际关系理论的文化建构》,第 107 页。

③ 赵汀阳:《天下体系:世界制度哲学导论》,第 17、53 页。

④ 何康:《从〈论中国〉透视中国外交文化的特点》,《学习时报》2016 年 8 月 25 日。

⑤ 毛泽东:《支持被压迫人民反对帝国主义的战争》《毛泽东外交文选》,第 530 页。

⑥ 毛泽东:《和平为上》,《毛泽东外交文选》,第 210 页。

理国际关系的重要准则。在处理对外关系时,无论对富国还是穷国、大国还是小国,中国均在平等基础上予以对待,更不把自己的意志强加给他国。中国领导人2000年在联合国千年首脑会议上强调,"中国人民热爱和平,坚决维护世界的和平与稳定。无论什么时候,中国都永远不称霸。这是中国人民对世界的庄严承诺。"①同时中国强调和平与发展的辩证联系,认为"和平与发展是相辅相成的。世界和平,是促进各国共同发展的前提条件;各国共同发展,则是保持世界和平的重要基础。"②

十八大以来,这些国家属性对中国外交的影响已经成为中国国家领导人经常复述的外交话语。中国领导人多次强调中华民族热爱和平、珍爱和平的民族传统。2015年11月,习近平在新加坡演讲时强调,"和平发展思想是中华文化的内在基因,讲信修睦、协和万邦是中国周边外交的基本内涵,中国自古倡导'强不执弱,富不侮贫',深知'国虽大,好战必亡',中国坚持走和平发展道路,坚持独立自主的和平外交政策,不是权宜之计,而是我们的战略选择和郑重承诺。"③2016年9月,他在二十国集团工商峰会开幕式上指出,"和衷共济、和合共生是中华民族的历史基因,也是东方文明的精髓。中国坚定不移走和平发展道路。国强必霸的逻辑不适用,穷兵黩武的道路走不通。"④2017年1月,他在日内瓦联合国总部再次郑重指出,"中华文明历来崇尚'以和邦国'、'和而不同'、'以和为贵'。中国《孙子兵法》是一部著名兵书,但其第一句话就讲:'兵者,国之大事,死生之地,存亡之道,不可不察也',其要义是慎战、不战。几千年来,和平融入了中华民族的血脉中,刻进了中国人民的基因里。"⑤

---

① 江泽民:《在联合国千年首脑会议上的讲话》,《江泽民文选》第3卷,第112页。

② 江泽民:《共创中俄关系的美好未来》,《江泽民文选》第3卷,第308页。

③ 习近平:《深化合作伙伴关系,共建亚洲美好家园——在新加坡国立大学的演讲》,外交部网站,http://www.fmprc.gov.cn/web/ziliao_674904/zyjh_674906/t1312922.shtml,2015年11月7日。

④ 习近平:《中国发展新起点,全球增长新蓝图——在二十国集团工商峰会开幕式上的主旨演讲》。

⑤ 习近平:《共同构建人类命运共同体——在联合国日内瓦总部的演讲》。

（三）秩序观与人类命运共同体

中国的秩序观体现在中国作为一个世界大国主张建立何种世界秩序，建立一个怎样的世界，在世界秩序中各国处于何种地位，中国作为国际社会一员要推动建设什么样的世界、构建什么样的国际关系。

中国一直崇尚天人合一的宇宙观、协和万邦的国际观，具有"以天下为己任"的理想主义情怀。中华文化一直把世界视为一个整体，所有国家和人民彼此相依，中外一体，天下一家，天下大同，天人合一。做到这一点，需要通过"仁""义""礼"来处理好各种关系，通过仁治和礼治来治理天下，建立天下一家的和谐秩序。因此，中国历来强调"和而不同""兼容并蓄"的秩序观，而霍布斯文化中的丛林法则在中国秩序观中鲜有存在，丛林法则应被由道德和礼制所规范的和合秩序所取代。"仁"可以促进公平规范，"义"可以促进正义，"礼"则对竞争形成约束。① 中国实际上可以从其传统价值中提炼出很多规范。②

在这种秩序观的影响下，首先，中国经常一分为二地看待国际秩序，扬长避短，趋利避害，而非全盘否定。中国不轻易颠覆某种国际秩序，而更乐于选择一种温和、主动融入、渐进变革的态度。基辛格在《论中国》中也强调，中国历来奉行一种内敛、防御式的外交策略。中国无意借助强力破坏现有国际秩序，更多时候是既有国际秩序的坚定维护者。就当前来说，按照西方思维，随着中国国力的增强，必将颠覆西方主导的国际秩序，而中国多次表示不会另起炉灶。

其次，中国的秩序观使中国更理性地对待世界差异，追求"和而不同"、"求同存异"。中国传统思维向来认为，多样性是一种自然状态，无法消除，唯一的办法是求同存异、和而不同，这也使中国文化自古至今一直具有无比的包容性和吸纳能力。"天下百虑而一致，同归而殊途"正是中国传统文化兼容并包的真实写照。

① 阎学通：《世界权力的转移：政治领导与战略竞争》，北京大学出版社 2015 年版，第 91—98 页。

② 阿米塔·阿查亚：《美国世界秩序的终结》，第 117 页。

这种思想一直影响着中国的外交实践。自新中国成立之初,求同存异即成为指导中国外交实践的重要原则。无论是在万隆会议上处理与不同亚非国家间的关系、同法国的建交谈判、波匈事件后处理社会主义国家间出现的不正常关系,还是中美之间签署《上海公报》,都体现了求同存异的思想。而关于与他国的领土争议,中国很早就提出"主权在我,搁置争议,共同开发"的主张。20 世纪 90 年代,中国领导人也明确要求,"要注意求同存异,争取在一些关键问题上团结尽可能多的朋友。"①他在谈到"和而不同"时强调,"和谐而又不千篇一律,不同而又不相互冲突。和谐以共生共长,不同以相辅相成。和而不同,是社会事务和社会关系发展的一条重要规律,也是人们处事行事应该遵循的准则,是人类各种文明协调发展的真谛。"②这些原则也成为中国发展多边和双边关系的准则。2009 年,温家宝在会见美国众议长佩洛西时表示,中美两国要高瞻远瞩,携手合作,"和而不同",推动中美关系取得新进展。③

再次,中国一直提倡建立一个开放包容的世界。2017 年 1 月中国领导人在联合国日内瓦总部的演讲中强调,"坚持交流互鉴,建设一个开放包容的世界。'和羹之美',在于合异。"④面对世界不同的文化、文明,中国认为不同文明凝聚着不同民族的智慧和贡献,没有高低之别,更无优劣之分,主张互学互鉴、兼容并蓄,反对文化冲突和文化霸权主义,反对"文明冲突论"或"文明优越论"。

最后,中国主张世界多元共生。与西方强调的"文明的冲突"不同,中国强调不同国家和不同文化之间的多元相处、和谐共生。中国领导人在伦敦演讲时强调,"当今世界,开放包容、多元互鉴是主基调。在 21 世纪人类文明的大家园中,

---

① 江泽民:《外交工作要坚定不移地维护国家和民族的最高利益》,《江泽民文选》第 1 卷,第 314 页。

② 江泽民:《和而不同是人类各种文明协调发展的真谛》,《江泽民文选》第 3 卷,第 523 页。

③ 《温家宝会见美国国会众议院议长佩洛西》,新华网,http://news. xinhua net. com/politics/2009 - 05/27/conten_11445570. htm,2009 年 5 月 27 日。

④ 习近平:《共同构建人类命运共同体——在联合国日内不敢当总部的演讲》。

各国虽然历史、文化、制度各异,但都应该彼此和谐相处、平等相待,都应该互尊互鉴、相互学习,摒弃一切傲慢和偏见。唯有如此,各国才能共同发展、共享繁荣。"①正是基于以上诉求,十八大以来中国提出了构建人类命运共同体的构想,进一步回答了中国追求建设一个什么样的世界的问题。"人类命运共同体"倡导的是与世界各国一道致力于实现共同发展和繁荣,是中国不断完善的"世界秩序观",不仅体现了"协和万邦""世界大同"的天下观,也体现了国际通行做法。中国吸收了民族国家的主权平等理念,每个国家都是一个中心,有一个以自己为中心的网络,这些网络结合在一起形成了命运共同体。② 这种秩序观也符合当前世界政治的发展潮流。阿查亚在解释未来的复合世界秩序时,就强调该秩序对弱国更加包容,不试图边缘弱国,强国需要尊重弱国的自主性并与其合作,倡导的是一个多元文化世界的政治秩序。③

(四)交往观与新型国家间关系

中国传统文化的核心之一就是关于一个社会人如何与他人相处,强调伦理、道德对人行为的约束。中国传统伦理把人的相处之道具体为五伦,即父母、君臣、夫妇、兄弟、朋友。父子有亲,君臣有义,夫妇有别,长幼有序,朋友有信。中国人历来讲究"信"。《论语》中多次强调"信""仁""义"的重要性:"与朋友交,言而有信。"④"人而无信,不知其可也。"⑤管仲把诚与信连用,强调"诚心者,天下之结也",指出诚信是集结人心的保障,⑥突出交往要诚实相待,守信守义。"信"体现在我信你你信我,互信才能互助,相亲相爱。一个言而有信的人,也就是诚实的人。诚信相通,"言必行,行必果",无信不立。实际上国家间关系也是如此。"信

---

① 习近平:《共倡开放包容,共促和平发展——在伦敦金融城市长晚宴上的演讲》。

② 詹德斌:《试析中国对外关系的差序格局——基于中国"好关系"外交话语的分析》,《外交评论》2017 年第 2 期,第 33—36 页。

③ 阿米塔·阿查亚:《美国世界秩序的终结》,第 175 页。

④ 《论语》,中华书局 2015 年版,第 4 页。

⑤ 《论语》,中华书局 2015 年版,第 14 页。

⑥ 邢丽菊:《从传统文化角度解析中国周边外交新理念》,第 13 页。

任是人与人关系的基础、国与国交往的前提。”①孔子强调“信”是国与国之间相交的标准。

对道义、信义的强调也一直贯穿于中国外交实践。儒学大师马一浮 1964 年曾写下两副诗联分赠毛泽东、周恩来,感言“讲信修睦”。② 周恩来在与外国人交往时多次强调,“我们要相见以诚,要怎么说就怎么做,我们绝不搞阴谋”,“中国人说话是算数的。”③中国领导人也强调,“中国人讲,‘唯以心相交,方能成其久远’。”

中国外交深受儒家“仁学”思想的影响。孔子思想最重视“仁礼”,主张“仁礼合一”,“人而不仁,如礼何? 人而不仁,如乐何?”④突出“仁”、“礼”的重要性。“仁”被认为是儒家思想和中国传统文化的核心。孔子不仅提出了“仁”的重要性,也指出了推己及人的行仁手段。孟子从性善论出发对“仁”进行了更充分的论证,而后将“仁”推至政治领域,寄望统治者实施仁政。“仁”体现了做人的道理,是人与人的相处之道,其特点在于感化人,要人怀德,而不是压迫人,不是要人“畏威”。由此便有了“仁者爱人”“亲亲而仁民,人民而爱物”“己欲立而立人,己欲达而达人”“己所不欲,勿施于人”等阐发。对于国家而言,同样也是如此,“亲仁善邻,国之宝也”“强不执弱,富不侮民”,这些思想和理念都是以“仁”为核心的中国特有的行事原则。

如果说“仁”重在内心的内在情感,“礼”则是强调外在行为。一种是内在的道德自觉,一种是外在的规范制约,二者合而为一,构成完整的道德实践。实际上,“礼”也是古代形成社会政治秩序的关键,“序上下、正人道”。对于传统中国而言,“礼”是文明,文明是“礼”,中国古代文明是一个内在的“礼”的文明体系和伦理生活方式。孔子认为,任何独立的德行都可能流于偏颇,须以“礼”为准则,以

① 习近平:《为构建中美新型大国关系而不懈努力——在第八轮中美战略与经济对话和第七轮中美人文交流高层磋商联合开幕式上的讲话》,《人民日报》2016 年 6 月 7 日。
② 曹应旺:《周恩来:中国外交第一人》,第 3 页。
③ 曹应旺:《周恩来:中国外交第一人》,第 296—297 页。
④ 《论语》,中华书局 2015 年版,第 16 页。

“中庸”来调节。礼以“制中”为要,所以“礼之用,和为贵”,还要“以德报怨”。① 中国也因此一直被誉为“礼仪之邦”。对“仁”“礼”的强化实际把冲突最小化,定义了以和为本的世界政治制度。② 仁”“礼”最终都可以体现在“德”上。上升到国家层面,就是“以德化人”的“王道”,而非“以力服人”的“霸道”。强不胁弱,强不犯弱,强而行礼是中国人倡导的文明。

“仁礼”和“德”也深深影响了中国的外交实践。中国一直倡导和平互利的国家关系。毛泽东在新中国成立初期就指出,“看看我们的国家就知道,我们是不会侵略别的国家的,侵略别人是没有道理的。”③在与他国交往的过程中,尤其是解决历史遗留问题或具体边界问题时互谅互让,体现了东方大国的宽厚仁义风范。1955 年与缅甸谈判解决边界问题时,周恩来便强调,“双方相见以诚,按照五项原则友好协商,求得一个公平合理的解决。”④中国人讲情谊,重道义,以“己所不欲,勿施于人”为行事原则。这些交往观实际为中国在新时期处理国家间关系提供了指引。在处理与邻国关系时,中国一直努力“修睦四邻”,倡导友好的睦邻政策。中国外交更是一直尚礼好客,重视礼尚往来。周恩来关于礼尚往来的外交实践被总结为“友好当先,推己及人;投桃报礼,投木报琼;不为天下先,不开第一枪;退避三舍,后发制人”。⑤ 中国领导人在新加坡演讲时强调,“中国自古讲求和而不同、敦亲睦邻”,中华文化追求“仁爱尚德、谦恭自省、敏而好学、止于至善”。⑥ 基于以上特点,中国在新时期提出了发展新型国家间关系的主张,力求建设平等性、和平性、包容性和求同存异的伙伴关系,⑦其核心是合作共赢,无论是大国关系、周边

---

① 张妍:《传统文化与中国外交》,第 7 页。

② 赵汀阳:《天下体系:世界制度哲学导论》,第 84 页。

③ 毛泽东:《中日关系和世界大战问题》,第 243 页。

④ 《周恩来政论选》,中央文献出版社 1993 年版,第 437 页。转引自王湛森:《从中国传统哲学文化看周恩来外交思想》,第 55 页。

⑤ 曹应旺:《周恩来:中国外交第一人》,第 323—326 页。

⑥ 习近平:《深化合作伙伴关系,共建亚洲美好家园——在新加坡国立大学的演讲》。

⑦ 中国与不同国家的伙伴关系定位不同,不仅突出了不同双边关系的特点,也显示出一定的亲疏关系。

国家关系还是发展中国家关系都是如此。正如中国领导人在杭州二十国集团工商峰会开幕式讲话中强调的,"我们应该求同存异、聚同化异,共同构建合作共赢的新型国际关系。国家不论大小、强弱、贫富,都应该平等相待,既把自己发展好,也帮助其他国家发展好。大家都好,世界才能更美好。"①

(五)价值观与正确义利观

一个国家要真正成为一个世界性大国,必须具备国际道义,这是获得国际感召力和感染力乃至吸引力的基础。价值观既体现个人的价值取向,同时也决定国家的价值追求。中国文化长期以来形成了以社会群体为本体的集体主义价值取向,以及以伦理道德为基础的道德本位,道德取向高于一切。孟子有言:"立天下之正位,行天下之大道。"郑和在携带的国书中写道:"天之所覆,地之所载,一视同仁,不能众欺寡、强凌弱。"中国传统文化所强调的仁义道德使中国坚持自己的义利观,强调人心和善的道德观,重视讲求义利之辩,认为义在利前、以义为先是君子之道。个人可以追求利益,但是要在义的前提下,求利也是为了更好地践行义。

中国的义利观将义置于重要地位,使求利的过程必须符合义,要先义后利、取利有道、义利统一、义利并重,在面对利益时尤其要平衡好义利的关系,这与西方国际关系经常强调的"利益至上""没有永恒的朋友,只有永远的利益"等理念形成了鲜明对比。在传统文化特有的义利观的影响下,中国在国际事务中依照事情的是非曲直独立判断,不干涉他国内政,充分尊重各国不同的发展道路和发展模式。十八大之后,中国更加重视义利观问题,明确提出把义利观作为构建与周边国家以及广大发展中国家和新兴国家合作的原则,强调正确的义利观要做到义利兼顾,以义为先。只有义利兼顾才能义利兼得,只有义利平衡才能义利共赢。2014 年 7 月,习近平在首尔大学发表演讲时强调,"国不以利为利,以义为利也",

---

① 习近平:《中国发展新起点,全球增长新蓝图——在二十国集团工商峰会开幕式上的主旨演讲》。

要讲信义、重情义、扬正义、树道义。① 同年11月,他在中央外事工作会议上指出,中国外交要做好对外援助工作,真正做到“弘义融利”。特别是对那些与中国长期友好而自身发展任务艰巨的周边和发展中国家,要更多地考虑到对方利益,注意多予少取,绝不损人利己,以邻为壑,如此才能实现良性互动,共同发展。② 之后,他多次强调要坚持正确义利观,在中非合作论坛约翰内斯堡峰会开幕式致辞中指出,“中国人讲究‘义利相兼,以义为先’。中非关系最大的‘义’,就是用中国发展助力非洲的发展,最终实现互利共赢、共同发展。”③2016年1月,中国领导人在埃及演讲时根据义利观阐明了中国中东政策的根本原则,“中国在对待中东事务时,坚持从事情本身的是非曲直出发,坚持从中东人民根本利益出发。我们在中东不找代理人,而是劝和促谈;不搞势力范围,而是推动大家一起加入‘一带一路’朋友圈;不谋求填补‘真空’,而是编织互利共赢的合作伙伴网络。”④这些讲话都充分展现了以义为先、先义后利的思想,对中国树立负责任大国形象起到了重要的推动作用。

结语

中国是世界公认的具有悠久历史和深厚文化的文明古国,从中国传统文化的视角系统梳理中国外交的目标、原则、政策、手段和途径,可以发现十八大以来中国外交已经形成了一整套独具中国特色、风格和气派的有机的话语体系。当前,国际社会在很多方面对中国充满期待,很多国家尤其是发展中国家也期待向中国学习。中国只有建构自己的外交话语体系,才能更好地向国际社会解读和宣介中国理念、中国道路和中国外交,践行一个新兴大国的国际责任和义务,为全球治

---

① 《习近平在韩国国立首尔大学的演讲(全文)》。

② 《中央外事工作会议在京举行》,《人民日报》2014年11月30日。

③ 习近平:《开启中非合作共赢、共同发展的新时代——在中非合作论坛约翰内斯堡峰会开幕式上的致辞》,外交部网站,http://www.fmprc.gov.cn/web/ziliao_674904/zyjh_674906/t1321540.shtml,2015年12月5日。

④ 习近平:《共同开创中阿关系的美好未来——在阿拉伯国家联盟总部的演讲》。

理、为世界的和平和发展多做贡献。当然,这种话语体系绝不是封闭的,而是开放包容的,它基于中国特殊的地缘环境和文化传统,又通过系统提炼和升华,接续和体现出世界性意义。通过中国的传统文化来构建中国外交话语体系,也是中国文化自信的有力体现。

当然,从中国传统文化视角来加强中国外交话语体系建构,并非强调文化是唯一解释要素,也不是要全盘接受中国的传统文化,而是要取其精华、去其糟粕,加强对中国传统文化的再认识。当代中国是历史的延续,同时也是现代世界的一部分,强调中国传统并非与现代世界对立起来,而是既强调中国的主体性,又体现世界的共同性。① 在体现中国元素的同时,也必须与世界连通融汇。正如《中庸》所强调的,一方面要“和而不流”“中立而不倚”,另一方面也要追求“万物并育而不相害,道并行而不相悖”。只有这样,才能弘扬中华优秀传统文化,让“以和为贵”“和而不同”“天下大同”等中华传统理念在世界上得到更多认同,使中国知识成为世界知识体系的重要组成部分。这样,中国外交话语也才能更好地融入世界外交话语体系,中国的理论才能更好地融入世界理论体系,成为众多理论或话语中的一种选择或可能。马丁雅克曾说过,中国崛起将使西方人的思维方式和生活方式产生根本性动摇,世界将进入一个多极经济时代。② 实际上这还远远不够,中国发展也应该让世界进入一个话语和思想的多极时代。

(原载于《外文评论》2017 年第 4 期)

---

① 王博:《建构富有道理的当代中国哲学》,《人民日报》2017 年 2 月 6 日。

② 陈曙光:《中国话语与话语中国》,《教学与研究》2015 年第 10 期,第 28 页。

十八大以来中国参与全球治理的战略布局与能力建设探析*

参与全球治理是中国推进国家治理体系和治理能力现代化的题中之意。自党的十八大以来,以习近平同志为核心的党中央从推进治国理政的总体视野出发,审时度势、主动谋划,提出了一系列有关全球治理的新主张、新论断。在不到一年的时间内,中共中央政治局两次就全球治理问题进行集体学习,向世界发出了中国决心推动全球治理体制变革的强烈信号。从二十国集团(G20)杭州峰会上把脉世界经济,到亚太经合组织(APEC)利马峰会上共商亚太合作愿景,再到达沃斯论坛上奏响"时代强音",中国正阔步进入全球治理舞台的前沿,为破解全球治理难题、推动世界发展进步作出了积极贡献。总体上看,经过持续的理论创新与实践探索,中国已经初步形成了一整套推进全球治理的思路和办法。

一、从战略高度认识中国参与全球治理的重要性

作为世界上最大的发展中国家和全球第二大经济体,中国在全球治理体系中的地位举足轻重。反过来,参与全球治理对于中国统筹内外大局、应对内外挑战也具有战略意义。简言之,中国参与全球治理是应对全球治理失灵、维护自身国

* 本文作者:刘世强,西南财经大学马克思主义学院。
基金项目:本文系2015年度西南财经大学重大基础理论研究项目"国际视野下的中国道路自信研究"(项目编号:JBK151132)的阶段性成果。

家利益的现实需要,是推进全球治理格局变化、提升国际话语权的战略抉择,同时也是回应国际社会期待、塑造负责任大国身份的必然要求。

第一,中国参与全球治理着眼于克服全球治理失灵,有效维护自身国家利益的现实需要。自冷战结束以来,全球化进程的不断深化导致跨国威胁和全球性问题不断增多。从气候变化到能源安全,从恐怖主义到核扩散,大量全球问题正在危及人类生存和可持续发展。与全球治理需求上升形成反差的是,治理全球问题的公共产品供给严重不足。长期以来,西方国家主导着全球治理的规则和议程。然而,不管是美国还是欧洲国家,其继续解决全球问题的能力和意愿均在下降。经过自国际金融危机以来的改革与重建,美国经济复苏态势明显,但政治极化问题依然严重,社会和种族矛盾持续发酵,在对外行动上逐渐减少干预、全面内顾。欧洲国家近年来危机不断,债务困境、难民涌入和暴恐活动的多重冲击致使欧洲一体化进程明显受挫,在改善全球治理方面同样力不从心。上述情形造成的结果是,全球治理理念、原则和方式不能适应全球化的迅速发展和全球性问题的大量涌现,规则的供应在质量上和数量上落后于实际的需求。① 全球治理供给与需求之间的矛盾加剧了全球治理的失灵和世界秩序的紊乱,叙利亚内战、乌克兰危机等都是全球和地区治理体系失败的直接结果。

全球治理失灵给世界各国带来了程度不同的负面影响,尤其是对中国维护自身国家利益构成了严峻挑战。相较于西方发达国家和一般发展中国家,中国正处在大量国家利益踏出国门、走向海外的历史阶段。国家统计局数据显示,2016 年,中国国内居民出境 13513 万人次,同比增长 5.7%;全年对外直接投资(不含银行、证券、保险)达 1701 亿美元,同比增长 44.1%;全年对外承包工程业务完成营业额 1594 亿美元,同比增长 3.5%。② 此外,中国在海外还拥有土地、矿山、油田、房产、企业等大量广泛的实体资源。可以说,从国家战略利益到企业和公民的人身财产

---

① 秦亚青:《全球治理失灵与秩序理念的重建》,《世界经济与政治》2013 年第 4 期。

② 中华人民共和国国家统计局:《2016 年国民经济和社会发展统计公报》,《人民日报》2017 年 2 月 28 日。

安全,中国的海外利益得到了前所未有的拓展,已经遍及世界各个角落。然而,客观而论,中国保护这些利益的资源手段和能力建设还严重不足,人、财、物在海外遭受损失和侵害的事件屡屡发生。仅 2016 年一年,外交部和驻外使领馆就处置了超过 10 万起领保案件。① 在此背景下,通过参与全球治理来维护不断增长的海外利益已成为中国外交的一项紧迫任务。

第二,中国参与全球治理是推动全球治理格局变化、提升国际话语权的战略抉择。冷战结束后,以美国为首的西方国家在国际体系中一度占据绝对主导地位,综合实力无可匹敌,战略影响无处不在。然而,进入 21 世纪以来,特别是 2008 年国际金融危机爆发后,西方国家的整体实力不可避免地出现下降,而一大批新兴市场国家和发展中国家则呈现群体崛起势头,国际力量对比朝着更为均衡的方向发展。除此之外,随着全球化深入发展和信息技术革命的持续推进,各种非国家行为体日益活跃,跨国公司、国际组织、全球公民社会甚至个人的能力都得以放大,传统主权国家的权力遭到分割、侵蚀,进而使得国际权力呈现扁平化的状态。国际权力的转移与扩散导致了全球治理格局的深刻变革,西方国家对全球治理体制绝对垄断的局面出现松动,各国和各行为体纷纷提出反映自身偏好的全球治理方案,国际社会围绕全球治理的规则之争空前激烈。

自改革开放以来,中国经历了从发展低谷迈向快速发展的历史进程。基于快速增长的实力地位,中国近年来主动倡议"一带一路"建设,积极筹建金砖国家新开发银行和亚洲基础设施投资银行,有力地改变着全球治理格局。然而,总体上看,中国仍然是全球治理体系中的后来者。"加强全球治理、推进全球治理体制变革不仅事关应对各种全球性挑战,而且事关给国际秩序和国际体系定规则、定方向;不仅事关对发展制高点的争夺,而且事关各国在国际秩序和国际体系长远制

---

① 《王毅在十二届全国人大五次会议举行的记者会上就中国外交政策和对外关系答中外记者问》,《人民日报》2017 年 3 月 9 日。

度性安排中的地位和作用。”①在此背景下,中国应从全球治理的被动追随者转变为建设性参与者,通过改革治理体系、搭建治理平台、创新治理机制推进全球治理格局进一步变化,努力将自身意志转化为全球共识,提升中国在国际舞台中的话语权和影响力。

第三,中国参与全球治理是回应国际社会期待、塑造负责任大国身份的必然要求。经过30多年的快速发展,中国从一个积贫积弱的发展中国家成长为世界第二大经济体。相应地,中国面临的国际舆论环境也从过去的“崩溃论”“威胁论”转化为“责任论”,即国际社会希望中国承担更多的国际责任。发达国家希望中国继续引领世界经济增长,增加政治和军事透明度,在全球气候变化、防止核武器扩散、预防重大疾病蔓延、打击恐怖主义与跨国犯罪等议题上贡献力量,为其分担全球霸权成本;发展中国家则期待中国提供更多的发展援助、人才培训、投资借贷优惠,帮助它们修建和完善国内基础设施,并在国际上对抗西方国家的霸道和特权。面对外部世界多样化的责任要求,中国一方面要保持清醒和定力,警惕他者别有用心的遏制,避免承担超出自身能力范围的国际义务;但另一方面,中国也需要有足够的战略自信,积极回应国际社会的合理期待,建构负责任大国的国际形象。事实上,通过建设性地参与全球治理,我们可以有效消除外部世界的误解杂音,塑造积极正面的国际舆论环境,进而推动中国与世界的关系继续朝着合作共赢的方向发展。

二、十八大以来中国参与全球治理的总体战略布局

党的十八大以来,以习近平同志为核心的党中央在全球治理领域主动谋划、积极参与,从目标、理念、议题、思路、路径等维度勾勒出中国参与全球治理的总体布局。目标是奋斗方向,理念是价值引领,议题是关注重点,战略是方式手段,路径是操作路线,五者相互关联,有机统一,共同构成了中国参与全球治理的核心

① 《习近平在十八届中共中央政治局第二十七次集体学习时的讲话》,《人民日报》2015年10月14日。

要素。

第一,在战略目标上,中国参与全球治理旨在服务民族复兴、促进世界进步。外交是内政的延续。中国对全球治理的关注始终与国内发展和现代化建设的大局密切相关。习近平在中共中央政治局两次有关全球治理的集体学习中开宗明义地强调,我们参与全球治理的根本目的,就是服从服务于实现"两个一百年"奋斗目标、实现中华民族伟大复兴的中国梦。① 这个目标是自近代以来数代中国人的集体诉求,也是在新的历史时期中国领导人治国理政的根本指向。显然,"中国梦"的实现除了依靠中国内部持续的改革创新和民众的不断奋斗之外,也离不开和平稳定的国际环境,离不开民主平等的国际秩序,离不开公正合理的全球治理体系。正如何亚非所言:"参与全球治理和改革为中国利用全球化,实现民放复兴、国家富强、人民幸福的'中国梦'提供了有利条件和广阔渠道,也是中国国家治理能力和体系现代化不可或缺的外部因素。"②从这个意义上讲,中国参与全球治理不是迫于国际压力的被动应对,也不是为了短期利益的权宜之计,而是立足于国家总体战略需求做出的长远安排。

从中国梦与世界梦相连通的角度看,中国参与全球治理还涉及根本性的价值命题:我们到底需要一个什么样的世界?中国在其中又应该扮演何种角色?自冷战结束以来,人类在科技进步、财富积累和资源配置上取得了前所未有进步的同时,也出现了严重的分配不公和正义缺失。全球化的非均衡发展使得国家之间尤其是南北国家之间在人均收入、资源利用、商品消费和社会整体发展水平等方面的差距进一步扩大。经济不平等还导致了各国在政治、文化上的不平等。③ 与此同时,国际霸权主义也加剧了全球不公。以美国为首的西方国家一方面利用对国际规则的控制汲取外部世界的财富资源,以维持内部超优越的生活方式;另一方

① 刘金源:《积极参与全球治理体制变革》,人民网,http://opinion.people.com.cn/n1/2016/0414/c1003-28274338.html,2016 年 4 月 14 日。

② 何亚非:《选择:中国与全球治理》,中国人民大学出版社 2015 年版,第 170 页。

③ 石斌:《秩序转型、国际分配正义与新兴大国的历史责任》,《世界经济与政治》2010 年第 12 期。

面以居高临下的傲慢姿态肆意干涉他国内政、不断挑起国际战争，进一步摧毁不少国家和地区的现代化努力。如果仍由这样的不公和冲突持续蔓延，世界将难有和平和安宁。作为世界第二大经济体和社会主义大国，中国在维护国际公平正义、追求全球善治方面责无旁贷。这就要求中国在参与全球治理的过程中不仅要维护自身利益，更需要提倡全球关怀，超越国家利益最大化和自我中心主义的思维定式，推动世界的共同和整体进步。

第二，在治理理念上，中国倡导以人类命运共同体意识引领世界共商、共建、共享。推进全球治理需要先进理念的引领。习近平指出："要推动全球治理理念的创新发展，积极发掘中华文化中积极的处世之道和治理理念同当今时代的共鸣点。"①具体到政治实践中，中国领导人近年来大力倡导树立"人类命运共同体"意识，以引领全球治理的理念创新。"人类命运共同体"的提出既与中华传统文化中蕴涵的"和合主义"和"天下主义"一脉相承，同时也反映了全球相互依赖、共存共荣的国际现实。从传统来看，不同于西方崇尚二元对立、非黑即白的观念，中国文化强调阴阳互补、和谐共生，通过包容变通实现求同存异，通过协商合作化解冲突对立，这对于破解当前世界的治理难题具有重要启示意义。从现实来看，在全球化和技术革命的双重推动下，人类越来越成为你中有我、我中有你的命运共同体。在此背景下，过去那种一家独大、霸道垄断国际事务的行动注定行不通，那种将自己的安全建立在别人不安全基础上的逻辑日益不可持续，那种通过以邻为壑政策转嫁风险的做法最终只能损人及己。

正是基于对传统文化的坚守弘扬和对国际现实的清醒认识，中国强调全球治理必须牢固树立"人类命运共同体"意识。在这一意识的指引下，中国进一步提出了参与全球治理的具体理念，即努力推动世界范围的共商、共建、共享。所谓"共商"就是集思广益，世界上的事情由各国政府和人民共同商量来办，不能搞一言

① 《习近平在十八届中共中央政治局第二十七次集体学习时的讲话》，《人民日报》2015年10月14日。

堂,不由一家说了算;“共建”就是充分调动各方的积极性和能动性,各施所长,各尽所能,通力合作来应对全球挑战;“共享”就是要让全球治理的成果惠及世界各国,努力实现共赢、多赢,特别是要让全球治理成果反映发展中国家的意愿和利益。“共商、共建和共享是加强全球治理、推进全球治理体系与治理能力现代化不可或缺的系统链条,三者共同构成了中国参与全球治理理念的有机体系。”①可以说,中国的全球治理理念既是对旧有全球治理思维的批判超越,又是对世界未来发展的美好期许,为中国参与全球治理提供了原则导向和根本遵循。

第三,在关注议题上,中国参与全球治理优先关注经济增长和共同发展。全球治理是一个内涵丰富的概念体系,涉及经济、政治、安全、文化、生态等领域中大量广泛的具体议题。由于实力地位和战略考虑的差异,每个国家对全球治理的优先议题存在不同认知,进而决定了各自的资源投入方向和政策选择空间。在中国看来,全球性挑战之所以层出不穷,一方面在于国家内部治理的失败,主权国家失败所衍生出的各种问题,借助于全球化和信息化扩散至世界各地,加剧了全球治理危机;另一方面则是全球发展长期不平衡的结果,特别是西方国家利用霸权机制汲取发展中国家的财富资源,导致南北之间的贫富差距持续扩大,造就了贫困、饥饿等大量全球性问题。基于这样的判断,中国认为全球治理的当务之急在于推动经济增长和共同发展。只有实现经济增长和共同发展,在国家治理和全球治理中失败的社会群体才能摆脱绝望情绪,看到未来希望,从而铲除极端主义滋生的土壤。

在实践层面看,作为世界上最大的发展中国家,中国在促进世界经济增长、实现人类共同发展方面积累了丰富经验,也作出了重要贡献。在经济增长领域,面对近年来世界经济复苏乏力和全球贸易保护主义的兴起,中国大力提倡贸易自由化、投资便利化,加快各种双多边的经济合作平台建设,努力推动 G20 从危机反应机制向长效治理机制转型,为世界经济摆脱低迷不振、寻找新的增长动力不竭努

① 张宇燕:《全球治理的中国视角》,《世界经济与政治》2016 年第 9 期。

力。在发展领域,中国一直是“南南合作”的典范,向120多个发展中国家落实千年发展目标提供了支持和帮助,为推动全球发展发挥了重要作用。“一带一路”倡议的提出、丝路基金的成立、亚洲基础设施投资银行的创建、中非“十大合作计划”的出台,核心就是要提升广大发展中国家的自主发展能力,并在共同发展的基础上实现合作共赢。此外,中国在国际多边场合努力推动发展议题的设置。在2015年的联合国发展峰会上,中国与国际社会共同努力通过了具有里程碑意义的《2030年可持续发展议程》,为全球发展合作提供了纲领性文件。在G20杭州峰会上,中国作为东道国更是将发展问题置于会议日程的核心位置,通过了《二十国集团支持非洲和最不发达国家工业化倡议》等重要成果。凡此种种,都表明中国作为一个负责任大国,始终通过推动经济增长与共同发展为全球问题的解决贡献力量。

第四,在治理战略上,中国奉行多边主义,致力于打造平等合作的伙伴关系网络。自近代以来,西方列强通过战争、殖民的方式确立起在国际体系中的主导地位,并依靠军事结盟和分而治之的方式来管理世界事务。冷战结束以来,作为全球唯一超级大国,美国治理世界延续了近代西方列强的传统模式。美国一方面根据自身偏好确立与外部世界的亲疏远近,通过遍及全球的联盟体系维持对世界的控制;另一方面则通过制造地区或国家之间的对立冲突来确保其话语权和影响力。然而,进入21世纪,全球化的深入发展使得世界各国的命运紧密交织,追求零和博弈、讲求以邻为壑最终将导致损人及己。正是基于对传统国际关系的深刻反思,中国参与全球治理并不追求霸权式主导,而是在充分照顾各方利益关切和舒适度的基础上推进全球问题的解决。进而言之,中国认为世界各国都是平等的人类命运共同体的一员,主张通过构建平等合作的伙伴关系来合作应对全球性挑战。“在伙伴型治理秩序中,全球治理的参与者和领导者更加多元,各种国际行为体均能发挥其治理作用,有利于确立更为平等和有代表性的决策机制,形成包容性的普遍规则。"①截至目前,中国已经同90多个国家、地区和国际组织建立了不同形式的伙伴关系,形成了遍及全球的伙伴关系网络,为推动全球治理做出了中国式的表率与示范。

在构建全球伙伴关系网络的思路指引下,中国的全球治理布局得以全面推进。在大国方面,中美之间就构建新型大国关系达成重要共识,并在气候变化、网络安全、海洋环保等全球问题上展开合作,积极承担两国对人类社会应尽的国际责任;中俄战略协作伙伴关系保持高水平运行,成为国际秩序与世界正义的共同维护者;中欧全面战略伙伴关系持续健康稳定发展,在完善全球经济治理等问题上进行战略沟通和协调。在周边方面,中国倡导共同建设互信、包容、合作、共赢的亚太伙伴关系,一起做大亚太发展"蛋糕",共同促进亚太繁荣。在发展中国家方面,中国始终把自身发展与广大发展中国家的共同发展紧密联系起来,共同推动国际秩序朝着更加公正合理的方向转变。在多边舞台上,中国特别重视金砖国家机制和G20对于完善全球治理的积极作用,希望通过机制化的多边平台凝聚国际共识,确保全球治理的各项方案顺利实施。

第五,在治理路径上,中国以推动全球治理体制变革和创新作为基本着力点。目前而言,中国正从两个层面分步骤地推动全球治理体制的变化。

其一,对于西方国家长期主导的治理体制,中国主张推动改革其不公正、不合理的安排,增加新兴市场国家和发展中国家的代表性和发言权。例如,在中国等国家的不竭努力下,2015年12月18日,美国国会参众两院批准了国际货币基金组织(IMF)2010年份额和治理改革方案,中国的份额占比从3.996%升到6.394%,正式成为IMF的第三大股东,俄罗斯、巴西、印度的份额也跻身前十。同IMF类似,世界银行最近一轮改革也将发达国家的一部分投票权转移给发展中国家,以更好地反映国际力量对比的变化。此外,中国还主动倡议成立金砖国家新开发银行、亚洲基础设施投资银行,以填补既有国际金融机制的空白,以此倒逼传

① 陈志敏:《国家治理、全球治理与世界秩序建构》,《中国社会科学》2016年第6期。

统国际金融机构的改革完善。需要指出的是，中国是现行国际体系的受益者和建设者，中国推动全球治理体制改革并非是“另起炉灶”，而是对西方主导的全球治理架构进行适应时代变化的必要改革和有益补充。

其二，对于新兴的全球治理领域，中国正与国际社会一道努力推动建立反映多数国家意愿和利益的新规则。针对全球气候变化，中国一方面向联合国提交“国家自主贡献”文件，表明其走绿色、低碳和可持续发展之路的决心；另一方面进一步加强国际合作协调，积极推动全球气候变化谈判，为构建公平合理的国际气候制度作出重大贡献。在网络安全领域，中国提出了加快全球网络基础设施建设、打造网上文化交流共享平台、推动网络经济创新发展、保障网络安全、构建互联网治理体系五点主张，为全球互联网发展治理贡献了中国智慧。① 在此基础上，中国正同有关国家开展打击网络犯罪及相关事项高级别联合对话机制，共同制定和推动国际社会网络空间合适的国家行为准则。除此之外，在治理恐怖主义、核扩散、跨国犯罪、传染疾病、太空、极地等新兴领域，中国都在积极参与国际规则的制订，展现了建设性、负责任的国际形象。

三、提升中国全球治理能力的前瞻性思考

综合来看，随着国家实力增强和国际地位的提升，中国已经步入全球治理的舞台中心，并逐渐探索出了一幅权利与义务均衡、兼顾自我利益与他者诉求的全球治理蓝图。这一蓝图能否实现，关键在于自身的全球治理能力建设。如何提升全球治理能力已成为中国在新时期面临的战略性课题。

第一，推动国家治理能力现代化，奠定参与全球治理的国内基础。在很大程度上，国家治理与全球治理具有同构性。“在人员、资本、信息、资源等因素快速流动过程中，国内治理与全球治理之间形成了紧密而且频繁的联系，国内问题的国际化与国际问题的国内化成为常态。”②进一步讲，“在全球化时代，国内治理与国

---

① 习近平：《在第二届世界互联网大会开幕式上的讲话》，《人民日报》2015 年 12 月 17 日。

② 杨雪冬、王浩：《全球治理》，中央编译出版社 2015 年版，第 21—22 页。

际治理愈来愈表现出高度的依存性、渗透性和互动性。在尊重国内治理与国际治理的相对独立性的同时，更需要人们自觉打破两者的界限，从整体性上审视和驾驭国内治理与国际治理，否则现存治理认识的碎片化、区隔化，只能导致治理实践的困境"①。对于中国而言，深入参与全球治理将引导中国政府以更广阔的国际视野审视国家的政治、经济、社会、文化等存在的不足，以巨大的改革压力促进中国的国内治理。② 反过来，只有以国家治理能力现代化为目标导向，持续推动国家内部能力建设，实现政府、市场和社会的良好互动，提升社会大众的认同感和满意度，中国才能完善国内治理架构，实现可持续发展，从而更好地参与全球治理，为实现世界的和平稳定贡献更多力量。

第二，提升国际公共产品的供给能力，积累全球层面的道义影响。如前所述，当前全球治理的症结在于治理全球问题的公共产品供给严重不足，增强国际公共产品的供给能力是中国参与全球治理的重要抓手。事实上，近年来，中国提供国际公共产品的意愿和行动都在显著增加，正在从国际体系中的"免费搭车者"转变为国际公共产品的积极供给方。放眼未来，中国需要着力从物质、制度和理念三大层面提供优质的国际公共产品。在物质层面，中国应在力所能及的范围通过资金支持、技术转让、基础设施建设等方式参与全球问题的解决进程，同时与世界各国特别是处于弱势地位的发展中国家共享发展经验和成长机会。在制度层面，中国应在原有治理架构的基础上继续通过和平渐进手段谋求增量改革，着重解决全球治理机制在公平性、透明度、碎片化等方面的问题，努力增强其公信力与有效性。在理念层面，中国要积极挖掘自身治理经验与世界优秀文明成果之间的共鸣点，提出兼顾中国诉求和世界关怀，并被国际社会广泛认同的全球治理理念。

第三，强化国际议程设置与政治动员能力，合力推动全球问题的治理进程。

① 蔡拓：《全球治理与国家治理：当代中国两大战略考量》，《中国社会科学》2016 年第 6 期。

② 卢静：《中国参与全球治理的角色责任与任务》，《前线》2015 年第 9 期。

所谓“国际议程设置”是指相关行为体将其关注或重视的议题列入国际/全球议程，获得优先关注的过程。① 不同的议程设置决定了国际社会对全球问题解决的优先次序和资源投入。中国可以通过主动发起倡议、开展主场外交、搭建国际平台等方式主导全球问题的议程设置，将自身关心的议题转化成为国际社会的共识。而国际议程的设置权必须获得国际社会中多数成员的支持或认可，从这个意义上讲，对中国而言，国际政治的动员能力同样不可或缺。全球治理是涉及不同问题领域、多重行为主体之间的利益博弈过程，全球治理的难点在于每个行为体都有自己的特殊偏好，对全球问题紧迫性的认知不一，且存在治理过程中的责任和资源分担问题。因此，如何在多样化的行为体之间凝聚共识、达成均衡是全球治理能否顺利推进的关键。由于主权国家仍然是全球治理的主要参与方，大国之间的战略妥协与谅解对推进全球治理尤为重要。当前的中国既是新兴大国的一员，又在某些方面步入发达国家行列；既与新兴大国一道面临共同的改革发展任务，又与发达国家存在深度的相互依存。这种双重身份的交织使得中国有可能成为新兴大国与发达国家沟通的桥梁。只有牢牢把握“南北对话的中间人”这一政治定位，中国才能协调和整合不同全球治理主体的利益关系，进而增加自身在全球治理中的政治动员能力。

第四，加强全球治理的理论研究和人才储备，为提升全球治理话语权提供智力支持。一国在全球治理体系中的话语权，不仅是其国家总体实力的直接反映，同时也与其学术研究水平密切相关。冷战结束以来，美国之所以可以长期拥有国际话语霸权，其繁荣发达的国际关系理论研究和争鸣功不可没，诸如福山的“历史终结论”、亨廷顿的“文明冲突论”、金德尔伯格的“霸权稳定论”、约瑟夫·奈的“软权力论”等，这些理论学说尽管争议不断，但却在无形中巩固强化了美国的国际话语权力。同样，中国全球治理战略的成效也取决于我们的理论研究和学理思考。这就要求学界必须拥有一批具有良好素养和高度自觉的专家学者。他们一

① 韦宗友：《国际议程设置：一种初步分析框架》，《世界经济与政治》2011 年第 10 期。

方面需要通过基础和前沿研究加强对全球治理形势和走向的研判,在全球治理的理论内核、研究范式和价值导向上贡献中国智慧、传递中国声音;另一方面要能够立足于中国与世界关系的复杂深刻变化,为中国参与全球治理在总体原则、优先次序和技术路线图等方面提供理论指导。与此同时,中国必须高度重视全球治理方面的人才储备。鉴于全球治理的多领域和复杂性,高校需要打破长期坚持的专业主义教育,着力培养具有全球视野和中国关怀、具备多语言和跨学科背景并通晓国际规则的复合型人才。正如习近平在第三十五次政治局集体学习中指出的一样:"参与全球治理需要一大批熟悉党和国家方针政策、了解我国国情、具有全球视野、熟练运用外语、通晓国际规则、精通国际谈判的专业人才……为我国参与全球治理提供有力人才支撑。"①

(原载于《当代世界与社会主义》2017 年第 2 期)

① 《习近平在中共中央政治局第三十五次集体学习时的讲话》,《人民日报》2016 年 9 月 29 日。

十八大以来我国积极参与全球经济治理的战略谋划*

作为全球治理不可分割的重要组成部分，全球经济治理源自建立国际经济秩序和解决经济领域中全球性问题的需要，即解决包括全球经济失衡、宏观经济政策协调、公共债务危机、国际货币体系、全球贸易体制、全球市场秩序和公平竞争规则、跨国企业监管等全球性经济问题。党的十八大以来，习近平对我国积极参与全球经济治理问题进行了深入思考和战略谋划，有力推动了我国在推进全球经济治理体制机制变革方面取得重要突破和新的进展。

一、我国积极主动参与全球经济治理是形势的客观要求和发展的必然选择

我国以更加积极主动的姿态参与全球经济治理既是客观必然，又恰逢其时。正如习近平所说："小智治事，大智治制。面对世界经济形势的发展演变，全球经济治理需要与时俱进、因时而变。"①他明确表示："不管全球治理体系如何变革，我们都要积极参与，发挥建设性作用。"②

1. 全球经济治理体系和规则面临重大调整，为我国积极参与其中并发挥建设性作用提供了重要历史机遇

---

* 本文作者：王德蓉，中共中央文献研究室副研究员。

① 《人民日报》2016年9月4日。

② 《习近平谈治国理政》，外文出版社2014年版，第324页。

2008年国际金融危机发生以来，全球经济治理体系和规则正酝酿重大变革和调整，这是世界经济格局加速演变的必然结果。世界经济格局演变的主要表现，就是新兴市场国家和发展中国家快速发展、国际影响力不断增强，全球经济力量对比发生明显转变。习近平指出，这一现象“是近代以来国际力量对比中最具革命性的变化”①。事实上，自20世纪90年代以来，发展中国家的经济增长速度就明显高于发达国家，新兴市场国家的经济增长速度又高于一般发展中国家。2008年国际金融危机发生后，主要新兴市场国家经济率先复苏，为全球经济增长提供了重要动力和源泉。根据国际货币基金组织的数据，发达国家的经济总量占世界经济总量的比重以汇率计算，已从1992年的83.6%下降至2012年的61.9%，而非西方世界在同期则从16.4%提升至38.1%。② 这组数据揭示了新兴市场国家和一大批发展中国家快速发展之势。

随着新兴市场国家和发展中国家的群体性崛起，全球经济发展形势发生深刻变化，以国际货币基金组织、世界贸易组织和世界银行三大多边经济协调机构为主要架构的全球经济治理体系的运作机制体制对此逐渐应对乏力。具体来说，主要体现在以下三个方面。第一，在解决全球经济失衡方面，无论是狭义的全球经济失衡，即美国庞大的经常账户赤字和以中国为代表的新兴经济体持有的巨额经常项目盈余，还是广义的全球经济失衡，即世界经济发展中的结构失衡，现有全球经济治理体系都难以发挥有效作用。第二，在反映世界经济格局的深刻变化方面，新兴市场国家和发展中国家的崛起，并未自然获得与其经济地位和贡献相匹配的话语权。传统全球经济治理体系的变革将是一个长期而艰难的过程，需要新兴市场国家和发展中国家付出巨大努力。第三，在提供国际经济合作中权利平等、机会平等、规则平等的有效制度保障方面，现有全球经济治理体系还需要进一步完善。由此可以看出，全球经济治理体系和规则的变革调整正处在一个重要的历史关节点上，这为我国积极参与全球经济治理、推进全球经济治理体系变革提

① 《人民日报》2015年10月14日。
② 《人民日报》2015年11月14日。

供了重要历史机遇，我们理应积极参与其中并发挥建设性作用。

2. 积极参与全球经济治理是贯彻开放发展理念、解决我国发展内外联动问题的有效途径

党的十一届三中全会以来，我国始终坚持对外开放的基本国策，不断拓展对外开放的广度和深度。以习近平同志为总书记的党中央把开放发展作为引领我国未来五年乃至更长时期发展的五大发展理念之一，向世界表明中国开放的大门永远不会关上，中国经济发展将继续为世界带来更多正面外溢效应。作为世界第二大经济体、第一大货物进出口国，我国已成为全球最重要的跨国投资目的地和资本输出国之一，拥有越来越广泛的国际经贸利益，也肩负了更多的国际责任和期待。然而，与我国在世界经济中扮演的新角色相比，我国对外开放的质量和发展的内外联动性还有一些需要提高的地方，这主要体现在：用好国际国内两个市场、两种资源的能力还不够强，应对国际经贸摩擦、争取国际经济话语权的能力还比较弱，运用国际经贸规则的本领也不够强。比如说，加入世界贸易组织后针对中国出口产品的反倾销、反补贴等经济摩擦不断增加，使中国成为贸易制裁措施的主要对象国、国际贸易保护主义的主要攻击对象；我国在境外进行油气资源开发、企业跨国并购、引进高技术等方面也不断受到干扰，等等。

那么，如何提高对外开放的质量和发展的内外联动性？习近平认为，除了要发展更高层次的开放型经济、提出对外开放重大战略举措等顶层设计外，还必须积极参与全球经济治理。他明确提出："要推动全球经济治理体系改革完善，引导全球经济议程，维护多边贸易体制，加快实施自由贸易区战略，积极承担与我国能力和地位相适应的国际责任和义务。"①积极参与全球经济治理之所以成为解决我国发展内外联动问题的重要抓手，有以下三方面原因。第一，通过积极参与全球经济治理，推动国际经济规则重构，有利于提高我国在全球范围内配置资源的能力。第二，通过积极参与全球经济治理，增加全球公共产品供给，有利于构建广

① 《习近平关于全面建成小康社会论述摘编》，中央文献出版社 2016 年版，第 41 页。

泛的利益共同体,形成深度融合的互利合作格局,从而实现中国发展与世界发展的更好互动。第三,通过积极参与全球经济治理,推动全球经济治理体系改革完善,也是我国作为世界大国必须担负的责任和义务。

总之,开放发展理念为提高我国对外开放的质量和发展的内外联动性提供了行动指南,而积极主动参与全球经济治理成为贯彻开放发展理念的重要抓手,具有重要意义。

二、以共商共建共享的理念引领我国参与全球经济治理实践

党的十八大以来,习近平提出"共商共建共享"全球治理理念,对我国参与全球经济治理实践具有重要指导意义。

1. 在共商共建共享理念前提下提出平等、开放、合作、共享的全球经济治理观

2015 年 10 月 12 日,习近平在十八届中共中央政治局第二十七次集体学习时指出:"全球治理体制变革离不开理念的引领,全球治理规则体现更加公正合理的要求离不开对人类各种优秀文明成果的吸收。要推动全球治理理念创新发展,积极发掘中华文化中积极的处世之道和治理理念同当今时代的共鸣点,继续丰富打造人类命运共同体等主张,弘扬共商共建共享的全球治理理念。"①这是我国首次公开提出全球治理理念,体现了目标导向和问题导向的统一。

所谓共商,就是集思广益,由全球所有参与治理方共同商议。所谓共建,就是各尽所能,各施所长,把优势和潜能充分发挥出来。所谓共享,就是让全球治理体制和格局的成果更多更公平地惠及全球各个参与方,也就是习近平反复强调的要"确保各国在国际经济合作中机会平等、规则平等、权利平等"②。

共商共建共享理念的提出是符合历史发展潮流的。第一,国际社会普遍认为全球治理体制变革正处在历史转折点上。数百年来列强通过战争、殖民、划分势力范围等方式争夺利益和霸权逐步向各国以制度规则协调关系和利益的方式演

---

① 《人民日报》2015 年 10 月 14 日。
② 《人民日报》2014 年 7 月 17 日。

进。现在,世界上的事情越来越需要各国共同商量着办,建立国际机制、遵守国际规则、追求国际正义成为多数国家的共识。第二,经济全球化深入发展,把世界各国利益和命运更加紧密地联系在一起,形成了你中有我、我中有你的利益共同体。正如习近平指出的那样:"在经济全球化的今天,没有与世隔绝的孤岛。同为地球村居民,我们要树立人类命运共同体意识。"①国家不论大小、强弱、贫富,都应该平等相待,全球性挑战需要各国通力合作来应对和解决。第三,随着新兴市场国家和发展中国家的群体性崛起,确保各国在国际经济合作中机会平等、规则平等、权利平等不仅是当前全球经济治理的迫切需求,更具备了强大的实现基础。可以说,共商共建共享理念从方向、手段、效果三个维度对加强全球经济治理做出了回答,体现了中国智慧和大国担当,赋予了全球经济治理新的生命力和闪光点。

基于共商共建共享的新理念,2016 年 9 月 4 日,习近平在二十国集团工商峰会开幕式上的主旨演讲中还首次全面阐述了中方的全球经济治理观。习近平指出,全球经济治理应该以平等为基础,以开放为导向,以合作为动力,以共享为目标。关于当前全球经济治理的重点,习近平将其明确归纳为"共同构建公正高效的全球金融治理格局,维护世界经济稳定大局;共同构建开放透明的全球贸易和投资治理格局,巩固多边贸易体制,释放全球经贸投资合作潜力;共同构建绿色低碳的全球能源治理格局,推动全球绿色发展合作;共同构建包容联动的全球发展治理格局,以落实联合国 2030 年可持续发展议程为目标,共同增进全人类福祉"②。

习近平提出的全球经济治理观,不仅是对中国在全球经济治理领域理念和主张的系统总结,也是对中国外交政策理念的进一步丰富与发展,既体现了中国的担当和勇气,也为中国积极参与全球经济治理进一步指明了方向。

2. 务实提出完善全球经济治理的倡议与举措

党的十八大以来,我国在共商共建共享理念的指引下,务实提出了完善全球

① 《人民日报》2016 年 9 月 4 日。

② 《人民日报》2016 年 9 月 4 日。

经济治理的诸多倡议和举措。

比如，习近平在2013年出访哈萨克斯坦和印度尼西亚期间，分别提出了共建丝绸之路经济带和21世纪海上丝绸之路的重大合作倡议。这是我国积极参与全球经济治理和区域治理的一个顶层设计。新型国际关系的核心理念是合作共赢，投射到"一带一路"中，习近平格外强调秉持共商共建共享原则，强调推动沿线国家实现发展战略对接、优势互补。他指出："'一带一路'建设秉持的是共商、共建、共享原则，不是封闭的，而是开放包容的；不是中国一家的独奏，而是沿线国家的合唱。'一带一路'建设不是要替代现有地区合作机制和倡议，而是要在已有基础上，推动沿线国家实现发展战略相互对接、优势互补。""'一带一路'建设不是空洞的口号，而是看得见、摸得着的实际举措，将给地区国家带来实实在在的利益。"①目前，已经有100多个国家和国际组织参与其中，我们同30多个沿线国家签署了共建"一带一路"合作协议、同20多个国家开展国际产能合作，以亚投行、丝路基金为代表的金融合作不断深入，一批有影响力的标志性项目逐步落地。"一带一路"建设从无到有、由点及面，进度和成果超出预期。这些收获展现了共商共建共享理念的生命力和实践前景。

又比如，在二十国集团、亚太经合组织等全球和区域经济治理平台上，我们坚定弘扬共商共建共享理念，在关注全球商品与服务市场的开放和稳定、保障国际金融体系的稳健与公平、维护大宗商品供应的稳定、保障治理平台机制完善等方面提出多方面倡议与举措并取得实际效果，传递和放大了全球经济治理中的正能量。

三、提高制度性话语权是我国推动全球经济治理体制变革的基本路径

制度性话语权是指用制度形式固化的话语权，它通过制度化形式对国际经济事务产生长期影响，并且国际社会对这种话语权的接受度比较高。制度性话语权

① 《人民日报》2015年3月29日。

是我国深度参与全球经济治理的有力保障。《中共中央关于制定国民经济和社会发展第十三个五年规划的建议》明确指出:“积极参与全球经济治理和公共产品供给,提高我国在全球经济治理中的制度性话语权,构建广泛的利益共同体。”①怎样提升制度性话语权?就是要在继续提升我国综合国力的基础上,依托自身实力获取更多的规则制定权。十八大以来,我国提高制度性话语权主要从两个方面切入,一为变革全球经济治理体制中不公正不合理的安排,二为建立国际经济新机制新规则。

1. 推动变革全球经济治理体制中不公正不合理的安排

现有的全球经济治理体制是由一些发达国家主导制定的,涉及宏观经济政策协调、货币金融事务、贸易投资事务、发展援助事务等领域。后发展国家要参与其中,首先不得不遵从于现有的体制机制。在这一过程中,针对其中不公正不合理的安排鲜明提出改革和完善建议,是提升制度性话语权的重要举措。

第一,推动二十国集团从危机应对向长效经济治理机制转变。2008 年国际金融危机发生后,二十国集团确立了其作为国际经济合作主要论坛的定位。二十国集团的核心功能在于宏观经济政策协调,它不仅是应对国际金融危机的产物,也反映了全球经济治理变革的新趋势。然而,随着世界经济逐渐走出国际金融危机阴影,世界经济的主要问题不再是走出危机,而是促进增长。形势决定任务,二十国集团也由此面临从危机应对向长效治理机制的转型。在实践中我们认识到,确定各成员普遍关心的议题与合作领域,是二十国集团保持凝聚力的关键,也是实现转型和发展的关键。在近几年的二十国集团领导人峰会上,习近平正是以此作为切入点积极推动二十国集团从危机应对机制向长效经济治理机制的转型。他在历年峰会上提出的许多重要主张都得到与会各国普遍接受和认同,中方的很多观点和建议均被纳入峰会领导人宣言中,集中发出了“中国声音”,提高了中国在全球经济治理中的地位和作用。比如在 2013 年俄罗斯圣彼得堡峰会上,习近平

① 《人民日报》2015 年 11 月 4 日。

提出发展创新、增长联动、利益融合等一系列新理念，倡导二十国集团成员建立伙伴关系，树立命运共同体意识，在竞争中合作，在合作中共赢。① 在2014年澳大利亚布里斯班峰会上，习近平提出三方面倡议：创新发展方式、建设开放型世界经济、完善全球经济治理。② 在2015年土耳其安塔利亚峰会上，习近平倡导创新增长路径、共享发展成果，强调加强宏观经济政策沟通和协调，推动改革创新，构建开放型世界经济，落实2030年可持续发展议程并阐述中国主办2016年峰会的总体思路和设想。③ 2016年9月4日至5日，二十国集团领导人第十一次峰会在中国杭州举行。这次峰会恰逢世界经济增长和二十国集团转型的关键节点，承载了各方的高度期待。习近平在峰会闭幕式上总结了此次峰会达成的共识和取得的主要成果，即各方决心为世界经济指明方向，规划路径；决心创新增长方式，为世界经济注入新动力；决心完善全球经济金融治理，提高世界经济抗风险能力；决心重振国际贸易和投资这两大引擎，构建开放型世界经济；决心推动包容和联动式发展，让二十国集团合作成果惠及全球。④ 可以看出，这次峰会为全球经济治理贡献了重要的公共产品。

第二，推动国际货币金融体系改革，完善国际金融监管。金融是现代经济的核心，在今天的世界经济中，发展中国家在全球金融治理体系中的代表性明显不足。为了改变这种情况，中国致力于推动国际货币基金组织、世界银行等国际经济金融组织切实反映国际格局的变化，特别是要增加新兴市场国家和发展中国家的代表性和发言权。2015年12月1日，国际货币基金组织执董会决定，将人民币纳入国际货币基金组织特别提款权货币篮子，人民币将成为全球五大储备货币之，中国在国际货币基金组织的份额提高到6.4%，投票权比重提高到6.1%。这一举措提升了发展中国家货币的国际地位，从而将更好地体现发展中国家在全球金融治理中的发言权和利益诉求。2016年9月4至5日，二十国集团杭州峰会

① 《人民日报》2013年9月7日。
② 《人民日报》2014年11月17日。
③ 《人民日报》2015年11月16日。
④ 《人民日报》2016年9月6日。

上，作为主席国的中国将“完善全球经济金融治理，增强新兴市场国家和发展中国家的代表性和发言权，提高世界经济抗风险能力”作为杭州峰会主要议题之一，与各方携手推动建立更加稳定和有韧性的国际金融架构，并形成了《迈向更稳定、更有韧性的国际金融架构的G20议程》，围绕扩大特别提款权的使用、增强全球金融安全网、推进国际货币基金组织份额和治理改革等五个方面提出建议。这一系列务实举措增强了各方完善国际金融治理的信心和动力。

第三，维护世界贸易组织在全球贸易投资中的主渠道地位，反对各种形式的贸易保护主义。随着世界经济逐渐走出国际金融危机的阴影，国际范围内的保护主义日趋严重。比如，随着跨太平洋伙伴关系协定（TPP）、跨大西洋贸易与投资伙伴协定（TTIP）等区域贸易安排的谈判和展开，多边贸易体制逐渐产生“分叉”趋势。这些区域贸易安排虽然对于区域自由贸易有一定促进作用，但将导致全球范围内的资源分散、效率降低，影响自由贸易的开展。对于全球贸易治理体系碎片化苗头，习近平一直给予高度关注，他认为应通过主动顺应世界发展潮流来引领世界发展潮流，倡导开放而非封闭的理念，寻求共赢而非零和的结果，实现一体化而非碎片化的目标。为此必须维护自由、开放、非歧视的多边贸易体制，反对各种形式的保护主义。他强调指出：“当前的多边贸易体制以世界贸易组织为核心，其生命力在于普惠性和非歧视性。参与区域自由贸易合作时，要坚持开放、包容、透明原则，使之既有利于参与方，又能体现对多边贸易体系和规则的支持，避免全球贸易治理体系碎片化。”①在我们积极倡导促谈、促成、促和的努力下，2015年12月在肯尼亚首都内罗毕举行的世界贸易组织第十届部长级会议最终达成全面取消农产品出口补贴的协议，并成功结束《信息技术协定》扩围谈判，使备受挑战的多边贸易体制获得提振。

2. 创新国际经济金融领域、区域经济合作等方面的新机制新规则

提升我国在全球经济治理中的话语权，不仅要宣示中国理念，而且要拿出中

---

① 《人民日报》2013年9月7日。

国方案;不仅要以理服人,而且要以行感人。党的十八大以来,以习近平同志为总书记的党中央在推动创新全球经济治理体制机制上作出了一系列重要部署。

第一,以"一带一路"建设为统领,大力推进区域经济合作。"一带一路"建设是区域合作的重大倡议。2016 年 9 月 4 日,习近平在二十国集团工商峰会开幕式上的主旨演讲中明确指出:"中国的发展得益于国际社会,也愿为国际社会提供更多公共产品。我提出'一带一路'倡议,旨在同沿线各国分享中国发展机遇,实现共同繁荣。"①"一带一路"以经济和人文合作为主线,力图将中国与不同国家的战略规划进行合理对接,代表了一个更大范围的国际经济合作框架,有助于国际经济秩序朝着平等公正、合作共赢的方向发展。

第二,推动全球金融治理的制度创新,成立金砖国家开发银行和亚洲基础设施建设投资银行,开创了发展中国家牵头组建多边金融机构的先河。2015 年 7 月 21 日,金砖国家开发银行正式开业。作为多边开发机构,金砖国家开发银行主要资助金砖国家以及其他发展中国家的基础设施建设,这不仅有利于推动金砖国家基础设施建设,也将极大推动金砖国家间的互联互通与金融合作。2016 年 1 月 16 日,亚洲基础设施投资银行在北京正式开业,这是全球首个由中国倡议设立的多边金融机构。习近平在开业仪式上指出:"亚投行正式成立并开业,对全球经济治理体系改革完善具有重大意义,顺应了世界经济格局调整演变的趋势,有助于推动全球经济治理体系朝着更加公正合理有效的方向发展。"②目前,亚投行创始成员国共 57 个,其中域内国家 37 个,域外国家 20 个,成功吸引英国、德国、法国等发达国家加入,不仅扩大了亚投行作为多边金融机构的影响力,也为全球金融治理与改革注入了新活力,是对国际金融体系的有益补充和发展完善。

第三,把加快实施自由贸易区战略作为我国积极参与国际经贸规则制定、争取全球经济治理制度性权力的重要平台。党的十八大以来,习近平提出要逐步构筑起立足周边、辐射"一带一路"、面向全球的自由贸易区网络;强调我们要善于通

① 《人民日报》2016 年 9 月 4 日。

② 《人民日报》2016 年 1 月 17 日。

过自由贸易区建设增强我国国际竞争力,在国际规则制定中发出更多中国声音、注入更多中国元素,维护和拓展我国发展利益。这一部署有力推动了我国在全球区域一体化进程中的角色转变。迄今我国已经与22个国家和地区签署并实施14个自贸协定,涵盖了我国近40%的货物进出口贸易额。与此同时,我们在与有关国家共同推进区域全面经济伙伴关系协定、中国与东盟自贸区升级、中美投资协定等谈判中也取得重要进展。

可以说,这些具体行动都是中国提高在全球经济治理中制度性话语权的行动,是为改善国际经济秩序的负责任之举。

四、坚持发展中国家的国际定位,做全球经济治理的积极参与者和建设性的贡献者

中国在全球经济治理中的身份定位,首先来自于自身的自我认知与选择,同时也需要国际社会的认同。习近平明确提出,"不仅要看到我国发展对世界的要求,也要看到国际社会对我国的期待",在这一前提下,"要坚持从我国国情出发,坚持发展中国家定位,把维护我国利益同维护广大发展中国家共同利益结合起来,坚持权利和义务相平衡"。① 中国既是国际发展体系的积极参与者和受益者,也是建设性的贡献者。

1. 从我国国情出发,坚持发展中国家的国际定位

坚持从我国基本国情出发,清醒认识我国在全球经济治理中的发展中国家定位,把维护我国利益同维护广大发展中国家共同利益结合起来,是习近平始终强调的一个重要思想。他明确表示:"中国作为人口最多的发展中国家的基本国情和定位没有改变,发展仍然是我们的第一要务。"②他强调指出:"中国要永远做一个学习大国,不论发展到什么水平都虚心向世界各国人民学习,以更加开放包容

① 《人民日报》2015年10月14日。
② 《人民日报》2014年7月15日。

的姿态，加强同世界各国的互容、互鉴、互通，不断把对外开放提高到新的水平。”①

如前所述，我国已成为世界第二大经济体、第一大货物贸易国和主要对外投资大国。2014年我国经济占世界经济总量的比重达13.3%。2009年到2011年间，中国对世界经济增长的贡献率达到50%以上。此后中国经济增速虽有所放缓，对世界经济增长的贡献率仍在30%以上。② 我国改革开放和现代化建设取得举世瞩目的成就，人民生活总体达到小康水平，国家面貌发生历史性变化，但还没有从根本上摆脱不发达的状态：我国工业化历史任务尚未完成，城乡之间、区域之间发展很不平衡，城乡二元结构还没有根本改变，人均国民总收入属中等偏下收入国家，生态环境、自然资源和经济社会发展的矛盾日益突出，等等。正如习近平所说：“我们也认识到，中国依然是世界上最大的发展中国家，中国发展仍面临着不少困难和挑战，要使全体中国人民都过上美好生活，还需要付出长期不懈的努力。”③

我国作为发展中国家的国际定位，需要我们加强与新兴市场国家和发展中国家的沟通合作。习近平指出：“中国是发展中国家一员，中国的发展机遇将同发展中国家共享。中方将把自身发展和发展中国家共同发展紧密联系起来，把中国梦和发展中国家人民过上美好生活的梦想紧密联系起来，携手走出一条共同发展的康庄大道。”④为此，我们一方面要充分利用自身优势，积极协调新兴经济体和发展中国家关于全球经济治理机制改革的主张和立场，另一方面要加强与新兴国家的沟通合作，共同推进新兴经济体在改革全球经济治理机制上的主张和利益，使全球经济治理朝着更加公正、合理的方向发展。同时，发展中国家一直是中国在国际事务中的重要依托，我们要进一步加强与发展中国家合作，寻求在贸易谈判、能源合作等全球经济问题上的共识和一致行动，进一步推动机制变革朝着有利于

---

① 《人民日报》2014年5月24日。
② 《人民日报》2015年11月16日。
③ 《习近平谈治国理政》，第332页。
④ 《人民日报》2015年9月28日。

发展中国家的方向发展。

2. 顺应我国发展要求和国际社会期待，做全球经济治理的积极参与者和建设性的贡献者

随着综合国力的不断提升，各方在全球经济治理中更加关注中国的立场，更加借重中国的发展，更加注重对中国的合作。与此同时，我国被加速推向国际事务前台，一些发达国家在全球经济再平衡、应对气候变化、人民币汇率、知识产权保护、市场开放等方面对我国的要求越来越高，一些发展中国家对我国的期待也越来越多。然而，我国仍处于并将长期处于社会主义初级阶段的基本国情没有变，人民日益增长的物质文化需要同落后的社会生产之间的矛盾这一社会主要矛盾没有变，我国是世界上最大发展中国家的国际地位没有变。如何解决外界认知同我国实际情况的落差矛盾，更好地发挥我国在全球经济治理中应有的作用，需要我国积极主动地发出自己的声音。这是习近平深入思考的一个重要问题。对此，他鲜明地提出："我们不能当旁观者、跟随者，而是要做参与者、引领者。"①"中国是国际发展体系的积极参与者和受益者，也是建设性的贡献者。"②

对既有秩序和机构保持足够的尊重和重视，对于已经约定俗成的国际规范进行维护和完善，是一个成熟的大国负责任的表现。我国已经深度融入现有国际体系，未来仍然是国际制度体系内的"局中人"。正如习近平指出："中国倡导的新机制新倡议，不是为了另起炉灶，更不是为了针对谁，而是对现有国际机制的有益补充和完善，目标是实现合作共赢、共同发展。中国对外开放，不是要一家唱独角戏，而是要欢迎各方共同参与；不是要谋求势力范围，而是要支持各国共同发展；不是要营造自己的后花园，而是要建设各国共享的百花园。"③

面对全球经济治理的不断演进和发展，我国还要在深度参与的基础上发挥建设性的贡献者作用。在关键时刻敢于创新，从思路和格局上超越现有的利益冲

---

① 《人民日报》2014 年 12 月 7 日。
② 《人民日报》2016 年 1 月 17 日。
③ 《人民日报》2016 年 9 月 4 日。

突,推动形成有利的局面。国际金融危机以来,我们已经在二十国集团、亚太经合组织等全球或区域经济治理平台发挥了主要建设者的作用,尤其是对世界经济增长起到了重要引擎作用。作为全球贸易体系的重要成员,我国坚决反对贸易保护主义卷土重来。我们还在实施精准扶贫、消除自身贫困的同时,积极落实联合国2030年可持续发展议程,推动南北合作、加强南南合作,稳步扩大对外援助规模,支持和帮助发展中国家经济发展和民生改善,从而展示了负责任大国的正义担当。中国还在各种场合坚定维护发展中国家利益,致力于提高发展中国家的代表性和发言权,成为推动全球经济架构更加公正合理的建设性力量。

习近平指出:“我们参与全球治理的根本目的,就是服从服务于实现‘两个一百年’奋斗目标、实现中华民族伟大复兴的中国梦。”①在全球经济治理转型中,我国是利益攸关方,也是备受关注的行动者。从目前的有关实践中可以看出,我国以非常积极务实的态度应对了这些挑战。我们有理由相信,中国作为全球最大的新兴市场国家,作为世界经济强有力的增长引擎,必将继续为促进世界经济可持续发展、推进全球经济治理体系建设发挥举足轻重的作用。

(原载于《党的文献》2016年第5期)

① 《人民日报》2015年10月14日。

十八大以来我国外交政策的与时俱进与外交"新常态"的构建*

十八大以来,以习近平同志为总书记的党中央统筹国内国际两个大局,在保持外交大政方针连续性和稳定性的基础上,在具体的外交布局和政策落实方面呈现出一些不同以往的与时俱进。诸如合法国家利益在中国外交政策中的指导地位愈加凸显;构建新型大国关系体现了党中央处理中美关系的新原则与新思路;"一带一路"倡议成为新形势下中国战略周边的外交战略;"互信、互利、平等、协作地"的新安全观带来了安全外交的新形势。这些外交政策的与时俱进有效地维护了国家的主权、安全与利益,塑造了有利于中国和平发展的周边环境,体现了中国主动地承担地区安全责任的战略态势,在很大程度上影响着我国今后的外交政策及其发展方向,从而形成了中国外交"新常态"。

一、外交新重点任务:国家合法海外利益保护

由于历史文化和意识形态等方面的原因,国家利益在中国对外关系中的地位并不突出。21 世纪初期,国家核心利益成为中国对外政策中的一个热点。十八大报告延续了改革开放以来外交政策的大政方针,强调中国将始终走和平发展道

---

* 本文作者:徐瑶(1981—),女,博士,中共重庆市委党校科学社会主义教研部讲师。
基金项目:国家社会科学基金青年项目"美国亚太军事基地的调整与我国应对策略研究"(15CGJ004),全国行政学院科研合作基金项目"'一带一路'战略推进中海外利益拓展研究"(15HZKT065)。

路,坚定奉行独立自主的和平外交政策,但"坚决维护国家主权、安全、发展利益,决不会屈服于任何外来压力"的表述第一次出现在党中央报告中,凸显了中央领导集体对国家利益的理性认知和高度重视。2014 年 11 月 28 日,习近平在中央外事工作会议上指出:"中国必须有自己特色的大国外交。要坚定不移走自己的路,走和平发展道路,同时决不能放弃我们的正当权益,决不能牺牲国家核心利益。"①习近平一再强调:"我们要坚决维护国家主权、安全、发展利益,任何外国不要指望我们会拿自己的核心利益做交易,不要指望我们会吞下损害我国主权、安全、发展利益的苦果。"②中国领导人在对外关系中以前所未有的频度强调中国的国家利益,表明国家利益已经成为中国对外政策主要的指导原则。

随着中国经济社会的快速发展和融入全球化进程的不断深化,中国的国家利益突破传统地理界线,迅速向海外延伸与拓展。相关地区的国内动荡、地方冲突、恐怖主义、跨国犯罪、自然灾害等问题与风险对中国海外利益的保护提出了紧迫的要求。2014 年 11 月 28 日,习近平在中央外事工作会议上强调,"要切实维护我国海外利益,不断提高保障能力和水平,加强保护力度"③。2015 年 3 月也门局势突然恶化,中国政府整合国内及当地多种外交资源,紧急动用海军舰艇编队赴也门执行撤离中国公民任务。随着中国海外利益的不断扩展,特别是"一带一路"倡议的顺利推进,中国政府有效运用政治、经济、军事、文化等多种外交资源,切实保护我国海外公民的人身、财产及海洋通道安全,将成为未来外交谋划与布局的重点与难点任务。

二、外交新思路:构建新型大国关系

近年来,随着中国实力的不断上升,有关中美之间战略冲突甚至对抗的猜测和预测一直不绝于耳。这种判断基于大国政治的"伯罗奔尼撒逻辑"或所谓的"修

---

① 《习近平出席中央外事工作会议并发表重要讲话》,《人民日报》2014 年 11 月 29 日。
② 《习近平谈治国理政》,外文出版社 2014 年版。
③ 《习近平出席中央外事工作会议并发表重要讲话》,《人民日报》2014 年 11 月 29 日。

昔底德陷阱”,即历史上实力上升的强国倾向于引发冲突和战争的惯例。以米尔斯海默为代表的学者认为,中国不可能实现和平崛起;只要中国按照现在的增长速度发展下去,美国和中国可能就会卷入一场有相当潜力变成战争的激烈的安全竞争①。在此背景下,美国各界掀起了新一轮对华政策的大辩论,其中要求美国政府修改对华接触战略,采取强硬对华政策甚至遏制政策的呼声不绝于耳。2015年3月,美国对外关系委员会发表《修改美国对华大战略》的研究报告指出“北京和华盛顿之间长期处于战略对抗的可能性很高”,美国新战略的重点是“抗衡中国力量的崛起,而不是继续帮助其占上风”,应该“以遏制为主,接触为辅”,甚至支持一种以对抗为主、合作为辅的中美关系②。事实并非如此。习近平于2013年访美时提出新型大国关系,强调其内涵包括三个方面:一是不冲突、不对抗;二是相互尊重;三是合作共赢③。2014年11月,习近平从六个方面进一步深化了中美新型大国关系的内涵,即加强高层沟通和交往,增进战略互信,在相互尊重基础上处理两国关系,深化各领域交流合作,以建设性方式管控分歧和敏感问题,在亚太地区开展包容协作,共同应对各种地区和全球性挑战。

新型大国关系体现了党中央处理中美关系的新原则、新思路与新的政策导向。第一,中国逐步改变了过去被动适应的战略态势,更加积极主动地塑造中美关系。2012年2月时任国家副主席的习近平访美并在华盛顿发表演讲时,就提出中美应当建设“21世纪的大国关系”,表明了中国对中美未来战略走向的前瞻性规划。此后,中央领导集体在与美方的外交活动中,均不断强调与阐释新型大国关系及未来中美关系的战略定位、处理原则等一系列指针性内容,体现了中国逐渐增强的战略自信与积极态势。第二,中国为中美双方的外交互动划定了基本的

① John J. Mearsheimer. The Tragedy of Great Power Politics[M]. W. W. Norton & Company, 2011.

② Robert D. Blackwill and Ashley J. Tellis. Revising U. S. Grand Strategy Toward China [R]. Washington D. C. :Council Special Report,2015.

③ 温宪,陈一鸣:《跨越太平洋的合作——杨洁篪谈习近平主席与奥巴马总统安纳伯格庄园会晤成果》,《人民日报》2013年06月10日。

政策红线，即尊重彼此的核心利益。中央领导集体敏锐地意识到，中美之间的结构性矛盾是大国发展到一定阶段必然会遇到的安全困境。但是，接受矛盾并不代表美方可以无视甚至践踏中国的核心国家利益。因此，习近平和其他领导人在不同场合多次表示，双方应该尊重各自的核心利益和重大关切是中美关系得以向前发展的根本保障。第三，中国愈加重视由于第三方介入引起的间接性结构冲突，强调中美的危机管控能力。由于东亚已成为中美战略接触与竞争的前沿地带，加上诸多第三方的存在，且在民族主义上升、领土争端根深蒂固等客观情势之下，第三方因素引发的中美间接性结构冲突已经成为现实的威胁①。中国必须保持与美国的有效沟通，管控主权争端，最终实现和平解决，这样才符合中国外交的长远利益。

在新型大国关系的原则指导下，中国近年来对美外交政策也呈现出一系列新的特点。首先，中国不断推进与美国的各类高层对话机制，积极推动政党外交。2015 年 5 月，第八届中美政党高层对话，双方围绕“法治与中美各自未来发展”的主题，就各自执政理念、政策主张和发展战略交换看法，就各自反腐与法制社会建设及举措、管党治党相关做法坦诚交流。中美政党高层对话将成为双方超越意识形态差异、增强理念政策沟通、增进政治互信的对话平台。其次，中国愈发重视军事外交在中美关系中的重要作用。中国对美国“亚太再平衡”过于倚重军力调整背后的战略意图心存疑虑，美国也一直对中国军事现代化的迅猛发展表示担忧。十八大以来，中国加强了同美军的军事交流，2015 年海军首次参加美国主导的环太平洋军事演习。最后，中国加强了同美国在冲突管控方面的交流。随着南海局势的升温，中国一方面以实际行动捍卫自身的主权，一方面加强了与美国在战略共识和冲突管控方面的交流。

① 李开盛：《间接性结构冲突——第三方引发的中美危机及其管控》，《世界经济与政治》2015 年第 7 期。

三、外交新战略:周边外交与“一带一路”

近年来,中国的周边环境持续面临严峻的考验。历史遗留问题、地区冲突、大国博弈及非传统安全问题等因素进一步削弱了本就脆弱的政治互信与安全合作,对中国的国家利益带来了严峻的挑战。周边既是我国的战略根基,也是我们对外战略布局调整的起点和落脚点,对我国的安全与发展非常重要。中国对周边区域的认知定位还在形成过程中,需要时间逐步梳理和清晰。对周边地区关系结构和秩序构建的努力,也需要在参与中逐步发挥作用和提升影响力。十八大以来周边外交的大政方针、战略规划以及政策实践,都体现了中国经略周边,构建区域新秩序的努力。

首先,党中央提出了一系列新的周边外交理念与方针。2013 年 10 月 24 日至 25 日,党中央、国务院在北京召开了周边外交工作座谈会,习近平在座谈会上强调:“我国周边外交的基本方针,就是坚持与邻为善、以邻为伴,坚持睦邻、安邻、富邻,突出体现亲、诚、惠、容的理念。”“要对外介绍好我国的内外方针政策,讲好中国故事,传播好中国声音,把中国梦同周边各国人民过上美好生活的愿望、同地区发展前景对接起来,让命运共同体意识在周边国家落地生根。”实现中华民族伟大复兴的中国梦,坚持“亲、诚、惠、容”外交理念和“命运共同体”意识,坚持正确义利观成为指导中国周边外交的基本方针。除此以外,“开展周边外交要有立体、多元、跨越时空的视角”的提法很新颖,意思是在和周边国家进行外交活动时既要有层次感、多面性,又要关注到历史和现实相联系的特色。外交“要谋大势、讲战略、重运筹”的提法也少见于此前的官方报道之中①。这些理念体现了党中央在新形势下对周边外交的高度重视和理论创新。2015 年 3 月 28 日,习近平出席博鳌亚洲论坛发表题为《迈向命运共同体,开创亚洲新未来》的主题演讲。“命运共同体”继承了和平发展、互利共赢、和谐世界等指引中国外交的基本理念,也已成为

① 《为我国发展争取良好周边环境》,《人民日报》2013 年 10 月 26 日。

中国与亚洲各国合作共赢、共同发展,积极推动全球治理变革,共同应对风险和挑战的指针①。

其次,“一带一路”倡议成为中国周边外交大战略的雏形。2013 年,习近平先后提出了“丝绸之路经济带”和“21 世纪海上丝绸之路”(合称“一带一路”)的倡议。2014 年 7 月,戴秉国在一次讲话中指出,“一带一路”建设首先需要共同营造一个持久和平稳定的国际大环境。就其内涵而言,第一,“一带一路”很明显是经略大周边的经济外交战略,以规划和推动区域经济合作为主,兼顾人文与社会交流,通过构建区域经济一体化的新格局,把中国建设成为经济贸易和投资的大国。第二,“一带一路”倡议构成了中国面向太平洋全方位对外开放的战略新格局和周边外交战略新框架,并涉及未来海上秩序的重建问题、陆海通道安全、战略支点的构建等安全议题,是塑造中国和平崛起环境的安全外交战略。第三,“一带一路”倡议致力于推动中国与周边各国的文明交融、文化交流、民心相通与信念共享,是提升中国软实力的文化外交战略。随着亚投行、丝路基金、基础设施建设等具体政策的逐步推进,“一带一路”倡议已成为中国周边外交全新的战略规划与政策指引,也成为新形势下中国前瞻性的经略周边的大战略雏形。

最后,新一届领导集体上任以来,以前所未有的高频率走访周边各国,开展了一系列重大外交活动。2013 年 3 月,习近平就任国家主席以来的首次出访选择了俄罗斯。同年 9 月 3 日至 13 日,习近平对土库曼斯坦、哈萨克斯坦、乌兹别克斯坦、吉尔吉斯斯坦中亚四国进行国事访问,并首次提出共同建设“丝绸之路经济带”的战略构想。2014 年,他专程访问俄罗斯、韩国和蒙古国,在韩国提出要践行正确的“义利观”,在蒙古回应“搭便车”论,欢迎各国搭中国发展的列车。李克强总理首访的第一站是印度,将中印关系提升到了 50 年来的最高水平。他对东盟的访问,以及外交部部长王毅多次东盟行,开拓了中国西南外交的发展空间。杨洁篪对蒙古和缅甸的访问则是在稳定周边的同时对特定对象的重点访问。2014

① 徐瑶:《迈向命运共同体博鳌吹响新号角》,http://news.xinhuanet.com/2015-03/29/c_1114795731.htm。

年,中国成功主办亚信峰会和 APEC 领导人非正式会议,相继提出“亚太伙伴关系”“亚太梦”“亚洲安全观”等新外交理念。

四、外交新形式:“互信、互利、平等、协作”的安全外交

习近平在中央外事工作会议上发表重要讲话,倡导共同、综合、合作、可持续的安全观①。十八大以来,中国更为积极主动地承担地区安全责任,执行安全利益和政治利益优先的外交政策,安全外交政策呈现出崭新局面。

首先,中国在坚持“不结盟、不对抗和不针对第三国”原则的基础上,在中俄安全合作中的一系列重点领域取得了新的突破。第一,中国加强了与俄罗斯在一系列国际及地区安全事务上的协调与合作。在叙利亚问题上,中俄两国数次在联合国大会和安理会否决了涉叙决议,表达了中俄反对西方片面地动用军事手段干涉一国内政并试图将其合法化的立场。第二,中国提升了与俄罗斯军事安全合作的高度。中俄两国之间近年来联合军演频繁,军事交流机制日趋完善。2013 年 7 月,中俄举行“海上联合—2013”军演,首次出现联合护航和解救被劫持船舶等非传统安全领域的训练课,双方展示了各自装备的战术和技术特点,体现了两军很高的战略互信水平。2015 年 8 月,中俄两国联合举行代号为“海上联合 - 2015(Ⅱ)”的联合军演,是中国海军第一次在日本海海空域展开军事活动。第三,2015 年 5 月,习近平对俄罗斯进行正式访问,双方签署《国际信息安全保障领域政府间合作协议》。中俄双方在网络犯罪和恐怖主义方面的各执法机构将在这份战略性框架协议的指导下,共享网络安全技术专业知识,并建立沟通渠道以对网络威胁做出迅速回应。

其次,中国努力推动上合组织的经济合作转型,进而带动安全合作的全面综合转型。上合组织成员国在安全领域的合作主要经历了建立在军事互信基础上的传统安全合作、面对共同安全威胁的非传统安全合作和不断完善的综合安全体

① 《习近平出席中央外事工作会议并发表重要讲话》,《人民日报》2014 年 11 月 29 日。

系三个发展时期。习近平2013年9月出席上合组织成员国元首理事会第十三次会议时提出四点主张:弘扬互信、互利、平等、协商、尊重多样文明、谋求共同发展的“上海精神”;共同维护地区安全稳定;着力发展经济务实合作;加强人文交流和民间交往。近年来,中国不断推动各成员国对安全与发展的新型认知,把安全与经济合作作为基本职能和优先发展方向,坚持“以互信求安全,以互利求合作”的安全合作模式,谋求成员国的共同安全、共同发展和共同繁荣。习近平2013年访问哈萨克斯坦时提出共同建设地跨欧亚的“丝绸之路经济带”构想,有助于组织成员国把合作议程从主要面向安全性问题扩展到经济合作,这样的经济转型也将会带动组织成员国安全合作的全面综合转型①。

最后,中国愈发重视核安全外交。福岛核事故引发了国际社会对核安全的高度关注,中央领导集体也愈发重视中国在该领域的国际责任与外交贡献。在2012年的首尔核安全峰会之前,中国政府发表了《中国在核安全领域的进展报告》,报告指出,“中国政府加大对核安全的投入,对全国核设施的安全状况进行了全面分析检查,对运行核电站安全系统的有效性进行了评估并提出了升级建议”。2014年3月24日,习近平在荷兰海牙举行的第三届核安全峰会上发表讲话,首次阐述了中国在核安全问题上的基本立场和基本原则。他强调,中国“要坚持理性、协调、并进的核安全观,把核安全进程纳入健康持续发展轨道”。通过参加全球核安全议程,到2014年中国已经比较完整地提出了对全球核安全治理的看法,中国正以一种新的姿态展现在全球核安全治理的舞台上②。

(原载于《探索》2015年第5期)

---

① 刘莹:《上海合作组织安全合作的理念基础与转型》,《亚非纵横》2015年第2期。

② 吴莼思:《核安全峰会,全球核秩序建设与中国角色》,《国际安全研究》2015年第2期。

十八大以来中国周边外交理念与实践的新发展*

十八大后，中国调整了周边外交政策。2013 年 10 月 24 - 25 日，周边外交工作座谈会在北京召开，习近平发表重要讲话。这是自 1949 年新中国成立以来中国外交的最高级别会议，也是中央首次就周边外交工作专门召开的一次会议，由此可见中央对周边外交工作的重视程度。习近平强调，“无论从地理方位、自然环境还是相互关系看，周边对我国都具有极为重要的战略意义”①。“做好新形势下周边外交工作，要从战略高度分析和处理问题”②，“做好周边外交工作是实现‘两个一百年’奋斗目标、实现中华民族伟大复兴的中国梦的需要，要更加奋发有为地推进周边外交，为我国发展争取良好的周边环境，使我国发展更多惠及周边国家，实现共同发展”③。在此次会议上，习近平提出“亲、诚、惠、容”的周边外交理念，正确义利观和命运共同体理念，并为今后 5 至 10 年中国进行周边外交做出战略

---

* 本文作者：陈瑞欣（1982—），女，河南淮阳人，贵州师范大学马克思主义学院讲师，博士，主要从事中国周边外交理论与实践研究。

基金项目：2014 年度国家社会科学基金重大项目“总体国家安全观下的中国东南周边地区安全机制构建研究”（14ZDA087）；2014 年度国家社会科学基金重点项目“未来十年中国外交和战略体系构建研究——战略调整和外交改革”（14AZD059）。

① 《为我国发展争取良好周边环境　推动我国发展更好惠及周边国家》，《人民日报》2013 年 10 月 26 日。

② 《为我国发展争取良好周边环境　推动我国发展更好惠及周边国家》，《人民日报》2013 年 10 月 26 日。

③ 《为我国发展争取良好周边环境　推动我国发展更好惠及周边国家》，《人民日报》2013 年 10 月 26 日。

部署。在2014年11月29日的中央外事工作会议上,习近平就新形势下不断拓展和深化外交战略布局提出要求,把周边外交放在首位,强调"要切实抓好周边外交工作,打造周边命运共同体,秉持亲诚惠容的周边外交理念,坚持与邻为善,以邻为伴,坚持睦邻、安邻、富邻,深化同周边国家互利合作和互联互通"①。这两次外交工作会议确定了今后一个时期中国外交的大政方针,也为周边外交工作指明了方向。本文基于习近平总书记在周边外交方面的重要论述和十八大以来中国在周边外交实践方面取得的重要成就为依据,分析周边外交的思想内涵、内在结构、相互关系和构成逻辑,深入总结十八大以来周边外交思想和中国周边外交实践,为进一步推进中国特色大国外交,进一步稳定良好的周边环境奠定理论基础。

一、十八大以来中国周边外交的新理念

(一)亲、诚、惠、容

新时期中国周边外交理念的精髓就是亲、诚、惠、容。习近平在周边外交工作座谈会上强调:亲,指"要坚持睦邻友好,守望相助;讲平等、重感情;常见面,多走动;多做得人心、暖人心的事"②,从而改变周边一些国家对我们近而不亲的局面。诚,指"要诚心诚意对待周边国家,争取更多朋友和伙伴"③。诚信乃是聚拢人心的保障,只有坚持诚心诚意对待周边国家,才能赢得周边国家的信任、尊重和支持。惠,指"要本着互惠互利的原则同周边国家开展合作,编织更加紧密的共同利益网络,把双方利益融合提升到更高水平"④。十八大以来,中国发起"一带一路"倡议,发起创办亚洲基础设施投资银行和丝路基金,使中国的发展成果惠及周边,欢迎周边国家搭上中国发展的便车。容,指"倡导包容的思想,强调亚太之大容得

---

① 《中央外事工作会议在北京举行》,《人民日报》2014年11月30日。

② 《为我国发展争取良好周边环境　推动我国发展更好惠及周边国家》,《人民日报》2013年10月26日。

③ 《为我国发展争取良好周边环境　推动我国发展更好惠及周边国家》,《人民日报》2013年10月26日。

④ 《为我国发展争取良好周边环境　推动我国发展更好惠及周边国家》,《人民日报》2013年10月26日。

下大家共同发展,以更加开放的胸襟和更加积极的态度促进地区合作"①。"海纳百川,有容乃大",作为一个大国,中国坚定支持东盟在区域合作中发挥主导作用,欢迎域外大国参与东亚区域合作。十八大以来,中国与周边国家坦诚相见、互相信任、互惠互利、共同发展,以更加开放包容的胸襟促进和平、安定、繁荣的地区建设。

(二)新型义利观

中国周边大多数国家属于发展中国家,经济发展落后,基础设施薄弱,现代化建设刚刚起步,资金匮乏。在周边外交工作会议上习近平首次提出新型义利观,即"坚持正确义利观,有原则、讲情义、讲道义,多向发展中国家提供力所能及的帮助。"②2014年出访韩国时,习近平详细阐述了正确义利观内涵,即"政治上,要遵守国际法和国际关系基本原则,秉持公道正义,坚持平等相待。经济上,要立足全局、放眼长远,坚持互利共赢、共同发展,既要让自己过得好,也要让别人过得好。……只有义利兼顾才能义利兼得,只有义利平衡才能义利共赢"③。这种义利观我们称之为"新型义利观",是中国新时期进行周边外交工作的一个鲜明特色。其要点是要正确处理"义"与"利"关系,精髓是:义利相兼,以义为先,先义后利。在2014年中央外事工作会议上,习近平指出:"要切实落实好正确义利观,做好对外援助工作,真正做到弘义融利"④。十八大后,中国加大对周边国家经济和教育的援助力度,与周边国家共建"一带一路"、亚投行和丝路基金,支持发展中国家开展基础设施互联互通建设,帮助发展中国家更好地增强自身发展能力,都是新时期中国进行周边外交的创新实践。

---

① 《为我国发展争取良好周边环境　推动我国发展更好惠及周边国家》,《人民日报》2013年10月26日。

② 《为我国发展争取良好周边环境　推动我国发展更好惠及周边国家》,《人民日报》2013年10月26日。

③ 习近平:《共创中韩合作未来　同襄亚洲振兴繁荣——在韩国国立首尔大学的演讲》,《人民日报》2014年07月05日。

④ 《中央外事工作会议在北京举行》,《人民日报》2014年11月30日。

(三)周边命运共同体

中国周边外交的最高目标是与周边国家一起建成周边命运共同体。在周边外交工作会议上,习近平提出“把中国梦同周边各国人民过上美好生活的愿望、同地区发展前景对接起来,让命运共同体意识在周边国家落地生根。”①这是他首次提出与周边国家共建命运共同体理念。在2014年11月中央外事工作会议上,习近平总书记进一步强调:“要切实抓好周边外交工作,打造周边命运共同体”②。这标志着周边命运共同体理念正式提出。

从周边命运共同体理念的发展脉络,我们可以看出习近平探索、丰富这一理念的过程。2013年3月23日习近平首访俄罗斯时首次提出命运共同体理念;2013年10月3日在印度尼西亚国会上演讲时提出“中国—东盟命运共同体”;2013年10月7日在亚太经合组织工商领导人峰会上提出“亚太命运共同体”;2013年10月24-25日在周边外交工作座谈会上,首次提出“让命运共同体意识在周边国家落地生根”;2014年11月29日在中央外事工作会议上,习近平正式提出“周边命运共同体”理念。此后在2015年博鳌亚洲论坛年会上,习近平提出“亚洲命运共同体”;2015年9月3日在抗战胜利70周年大会上,习近平首次提出“人类命运共同体”理念;2015年9月28日在联合国峰会上,习近平提出实现人类命运共同体的路径——“五位一体”;2016年1月16日,习近平指出亚投行已经成为构建人类命运共同体的新平台。从命运共同体理念的提出,到中国—东盟命运共同体、亚太命运共同体、周边命运共同体、亚洲命运共同体,后来上升为人类命运共同体,至此,习近平的“命运共同体”理念整体形成。如果说,中国外交的最高目标是和全世界人民一起建成“人类命运共同体”,那么在周边地区,与周边国家共同建设“周边命运共同体”就成为中国周边外交的最高目标。周边命运共同体即中国与周边国家利益共享、责任共担、风险共承,一荣俱荣、一损俱损,共同打造

① 《为我国发展争取良好周边环境　推动我国发展更好惠及周边国家》,《人民日报》2013年10月26日。

② 《中央外事工作会议在北京举行》,《人民日报》2014年11月30日。

“政治、安全、经济、文明、生态”共同体。

（四）和平发展战略思想

习近平在外交场合多次向周边国家和世界宣示中国坚定不移走和平发展道路的决心和意志，并从历史背景、现实情况、未来可能三方面充分论述中国走和平发展道路是思想自信和实践自觉的有机统一。习近平还辩证地发展了和平发展道路思想，强调：“中国走和平发展道路，其他国家也都要走和平发展道路，只有各国都走和平发展道路，各国才能共同发展，国与国才能和平相处。”①不能只有中国走和平发展道路，而其他国家走武力征服的道路，这样中国便有可能任人宰割，重复百年的屈辱历史。坚持底线思维，维护国家核心利益。“我们要坚持走和平发展道路，但决不能放弃我们的正当权益，决不能牺牲国家核心利益。任何外国不要指望我们会拿自己的核心利益做交易，不要指望我们会吞下损害我国主权、安全、发展利益的苦果。”②中国坚持走和平发展道路，不以牺牲别国利益为代价，但绝不允许个别国家损害中国的正当权益。在钓鱼岛、南海岛屿争端问题上，中国坚定了维护了自己的领土主权和合法权益。

新时期中国周边外交理念四者之间是有机统一的关系。周边命运共同体理念是新时期中国周边外交的最高目标，致力于与周边国家共同打造“政治、安全、经济、文明、生态”的共同体。“亲诚惠容”的周边外交理念是周边外交的精髓和总括；新型义利观是“惠”的发展，着重面对发展中国家，是新时期中国对发展中国家外交的指导方针，也是周边外交的方针；走和平发展道路、坚守底线思维是实现周边命运共同体的方式。虽然这四者各有侧重，但是相互之间紧密联系，相互依托，相辅相成。“中国始终将周边置于外交全局的首要位置，视促进周边和平、稳定、发展为己任。中国推动全球治理体系朝着更加公正合理方向发展，推动国际关系民主化，推动建立以合作共赢为核心的新型国际关系，推动建设人类命运共同体，都是从周边先行起步”③。十

---

① 《习近平谈治国理政》，外文出版社 2014 年版，第 249 页。

② 《习近平谈治国理政》，外文出版社 2014 年版，第 30 页。

③ 习近平：《深化合作伙伴共建亚洲美好家园——在新加坡国立大学的演讲》，《人民日报》2015 年 11 月 08 日。

八大以来中国在周边地区通过运用政治、经济、安全、人文等手段,妥善处理好大国关系、领土争端,为中国进一步发展创造了战略机遇期。

二、十八大以来中国周边外交实践的新发展

(一)加强与周边国家政治互信

习近平把周边地区作为外交工作的重点和首要方向,与周边绝大多数国家领导人实现互访,并与大多数周边国家建立不同类型的伙伴关系。比如,与巴基斯坦建立全天候战略伙伴关系,与俄罗斯建立全面战略协作伙伴关系,与越南、缅甸、老挝、泰国、柬埔寨建立全面战略合作伙伴关系,与马来西亚、印度尼西亚、蒙古、澳大利亚、哈萨克斯坦、新西兰建立全面战略伙伴关系,与印度、阿富汗、斯里兰卡、韩国、孟加拉国建立战略合作伙伴关系,与乌兹别克斯坦、吉尔吉斯斯坦、塔吉克斯坦、土库曼斯坦建立战略伙伴关系,与尼泊尔建立全面合作伙伴关系,与斐济建立重要合作伙伴关系。中国期望与周边国家走"对话而不对抗,结伴而不结盟"的新路,共建互信、包容、合作、共赢的新型伙伴关系。

针对不同周边国家建立不同类型的伙伴关系具有以下优势:一是加强与俄罗斯的全面战略协作伙伴关系,有利于与俄罗斯在经济、安全、人文、外交等领域深化合作与交流。加强与俄罗斯构建新型大国关系,这是在战略层面构建"中俄美"新三角关系,将对未来世界格局产生深远影响。二是加强与传统友好伙伴的关系。十八大后,中国加强与传统朋友巴基斯坦的关系,中巴关系提升为全天候战略伙伴关系。2015 年 4 月习近平主席访问巴基斯坦明确指出中国将巴基斯坦置于中国外交的优先位置。2016 年 10 月习近平主席访问柬埔寨,认为中柬是"铁杆朋友","关键时刻像兄弟一样相互支持"。中国与周边国家构建不同类型的伙伴关系,有层次、有梯度、有远近,有利于中国发展与周边国家的双边关系。

与周边国家共同纪念重大历史事件。2014 年 6 月 28 日,中国、印度、缅甸在北京隆重纪念了和平共处五项原则发表 60 周年。经过 60 年国际风云变幻的考验,和平共处五项原则已经成为国际关系的基本准则和国际法的基本原则,有力

地维护了广大发展中国家的权益，为推动建立更加公正合理的国际政治经济新秩序发挥了积极作用。2015 年是抗日战争胜利暨世界反法西斯战争胜利 70 周年，中国邀请周边国家领导人共同纪念这一伟大的胜利，缅怀革命先烈，唤起周边国家共同的历史记忆，不断增进中国与周边国家的感情。

（二）深化与周边国家经济融合

十八大以来，中国周边经济外交成果显著。“一带一路”建设已经开始运行，丝路基金、亚洲基础设施投资银行已经启动并投入运营，金融合作方兴未艾，对周边国家的援助力度加大，与周边国家互联互通建设正稳步推进。

2013 年 9 月，习近平在纳扎尔巴耶夫大学演讲时提出共建“丝绸之路经济带”；2013 年 10 月，习近平在印度尼西亚国会上提出共建 21 世纪“海上丝绸之路”，至此，“一带一路”倡议正式形成。2013 年 11 月中国共产党第十八届中央委员会第三次会议全体通过《中共中央关于全面深化改革若干重大问题的决定》（以下简称决定）。《决定》在扩大内陆沿边开放部分提出“建立开发性金融机构，加快同周边国家和区域基础设施互联互通建设，推进丝绸之路经济带、海上丝绸之路建设，形成全方位开放新格局”，“一带一路”倡议上升为中国国家战略。2014 年 12 月中央经济工作会议上，“一带一路”建设成为三大区域经济战略布局之首。

“一带一路”是中国与周边国家共建命运共同体的纽带和桥梁。迄今，已经有 100 多个国家和国际组织表达了积极支持和参与的态度，中国已同 40 个国家和国际组织签署共建“一带一路”合作协议。秉持共商、共建、共享的原则，中国把“一带一路”与相关国家的经济建设对接起来，比如把 21 世纪海洋丝绸之路建设与印尼发展海洋经济、建设海洋强国战略进行对接；丝绸之路经济带建设与哈萨克斯坦“光明之路”经济发展战略对接；丝绸之路经济带与俄罗斯欧亚经济联盟对接；“一带一路”与韩国欧亚合作倡议对接；丝绸之路与蒙古草原之路对接等。现在“一带一路”已有了最初的成果，完成初步规划和布局，朝着持久发展的阶段迈进。2014 年 5 月，中国—哈萨克斯坦物流合作基地项目在江苏连云港启用，标志着“一带一路”进入实体建设阶段。中国与周边国家的基础设施建设取得重要进展。

2015 年“中国西部—欧洲西部”国际公路完成，大大缩短中国往返欧洲的货物运输周期；“高铁经济在东南亚全面推进”①，2016 年 1 月印尼雅万高铁开工建设，成为中国高铁“走出去”的第一单，具有示范效应；2016 年 11 月 13 日瓜达尔港正式开航，将大大缩短中国从中东进口石油的距离。2016 年 9 月《建设中蒙俄经济走廊规划纲要》正式签署，实现“一带一路”在多边经济走廊的突破，中巴、中国—中亚—西亚等主要经济走廊和涉外重大项目有序推进。“2015 年，中国同‘一带一路’参与国双边贸易额突破 1 万亿美元，占中国外贸总额的 25%，中国企业对‘一带一路’沿线 49 个国家的直接投资额近 150 亿美元，同比增长 18%；‘一带一路’参与国对华投资额超过 82 亿美元、同比增长 25%。”②

创办亚洲基础设施投资银行和丝路基金。2013 年 10 月 3 日，习近平主席访问印度尼西亚时指出，“中国致力于加强同东盟国家的互联互通建设。中国倡议筹建亚洲基础设施投资银行，愿支持本地区发展中国家包括东盟国家开展基础设施互联互通建设。”③此后，亚洲基础设施投资银行提上日程。2014 年 10 月 24 日，中国、新加坡等 21 个首批意向创始成员国决定成立亚洲基础设施投资银行。2014 年 11 月，中央财经领导小组第八次会议研究“一带一路”规划时，正式发起建立亚洲基础设施投资银行和设立丝路基金。2015 年 12 月 25 日，亚洲基础设施投资银行在北京正式成立，2016 年 1 月 16 日正式开业。2014 年 11 月 8 日，习近平主席在加强互联互通伙伴关系对话会上宣布中国将出资 400 亿美元成立丝路基金，为“一带一路”框架内的经贸合作以及互联互通建设提供资金支持。2014 年 12 月 29 日丝路基金在北京正式注册成立。2015 年 4 月，丝路基金签下第一单——中巴清洁能源项目。中巴清洁能源项目作为丝路基金首个支持的项目，具有重要的示范效应。亚洲基础设施投资银行和丝路基金作为“一带一路”的融资

---

① 赵长峰、聂锐：《十八大以来中国经济外交探析》，《社会主义研究》2016 年第 1 期。

② 习近平：《携手共创丝绸之路新辉煌——在乌兹别克斯坦最高会议立法院的演讲》，《人民日报》2016 年 06 月 23 日。

③ 习近平：《携手建设中国—东盟命运共同体——在印度尼西亚国会的演讲》，《人民日报》2013 年 10 月 04 日。

平台，其首要目的是解决“一带一路”建设中的资金短缺问题，也将进一步完善中国与周边国家的区域金融安全网络。

积极推动区域合作建设。2014 年 11 月李克强提出澜沧江—湄公河合作倡议，2015 年 11 月澜湄首次外长会议举行，标志澜湄合作机制正式成立。2016 年 3 月 23 日澜湄合作首次领导人会议在三亚举行，与会领导人提出发展战略对接、统筹合作资源、共享发展成果、共建澜湄国家命运共同体，确定“3 +5”合作框架，以及互联互通、产能、跨境经济、水资源、农业减贫五个优先方向。至此，澜湄合作机制进入实体建设阶段。中国与东盟合作迈入新阶段。中国与东盟自 2002 年启动自贸区谈判以来，双边贸易额增长了 8 倍，东盟人均 GDP 增长了 2 倍多，中国连续 5 年是东盟最大贸易伙伴，东盟是中国第 3 大贸易伙伴。继中国—东盟“黄金十年”之后，双方致力于打造中国—东盟“钻石十年”。2015 年，中国—东盟自贸区升级谈判完成，预计 2020 年双边贸易额将达到 1 万亿美元。2015 年 12 月 31 日，东盟共同体宣告成立，成为东盟一体化进程的里程碑。2012 年以来，中国与上海合作组织成员国一道推动上海合作组织保持健康、稳定的发展势头。中国加强与上海合作组织成员国在“一带一路”框架下合作，把“一带一路”倡议与各成员国国家发展战略进行对接，加强与成员国之间的基础设施互联互通、能源、金融等方面的合作。加大对南亚各国的投资力度，“中国愿同南亚各国携手努力，争取在未来 5 年将双方贸易额提升至 1500 亿美元，将中国对南亚投资提升至 300 亿美元。”①中巴经济走廊北连新疆喀什，南抵巴基斯坦的瓜达尔港，是中国与巴基斯坦经济合作的重要抓手，中巴决定将走廊中西线路列入中长期规划。习近平访问巴基斯坦期间，中巴签署 50 多项协议，达成多项合作成果。未来中国与巴基斯坦将“以走廊建设为中心，以瓜达尔港、能源、基础设施建设、产业合作为重点，形成‘1 +4’合作布局”，②让发展成果惠及巴基斯坦人民，从而带动整个地区的发展。

---

① 习近平:《携手追寻民族复兴之梦——在印度世界事务委员会的演讲》,《人民日报》2014 年 09 月 19 日。

② 习近平:《构建中巴命运共同体开辟合作共赢新征程——在巴基斯坦议会的演讲》,《人民日报》2015 年 04 月 22 日。

加大对周边国家的经济援助力度。2014 年 8 月 7 日,第八届中国—东盟社会发展与减贫论坛在缅甸首都内比都举行,中国承诺将出资 1 亿元人民币开展东亚乡村减贫推进计划,2015 年向东盟欠发达国家提供 30 亿元人民币的无偿援助,主要支持中南半岛国家的减贫合作。在未来 3 年中国将提供 3000 万元人民币支持中国—东盟经济技术合作,"向东盟国家提供 100 亿美元优惠性质贷款,启动中国—东盟投资合作基金二期 30 亿美元的募集。中国国家开发银行还将设立 100 亿美元的中国—东盟基础设施专项贷款。这些措施有助于加快地区互联互通建设,扩大东亚金融合作。"①

(三)拓展与周边国家的安全合作

十八大以来,中国与周边国家在传统安全和非传统安全领域的合作更加密切。加强与俄罗斯、巴基斯坦、印尼等国的军事外交,加强与周边国家军队的高层互访;承办亚信峰会,提出共同、综合、合作、可持续的新亚洲安全观;妥善处理周边热点问题;坚决回击所谓南海仲裁案,维护国家主权和核心利益,实现中菲关系正常化;以及与周边国家在反恐、减贫、禁毒、绿色能源等非传统安全方面的合作。

中国与周边国家扩大传统安全合作。第一,中国与周边国家军队的高层领导互访频次增多,增加军事互信。中国军队高层领导和军事专家学者积极参与多边军事论坛,如香格里拉对话会、亚太合作理事会、雅加达国际防务对话会、香山论坛等,阐述中国防御性的国防政策,回应外界对中国军力的关心。中国军队与周边国家联演联训增多。中国与巴基斯坦、印度尼西亚、印度、澳大利亚、美国、新加坡等国的军队联演联训次数增加。这些军事外交,有利于中国与周边国家建立战略互信、安全互信,有利于揭开中国军队的神秘面纱,回击中国军事政策不透明的言论。第二,注重多边安全合作。承办亚洲相互协作与信任措施峰会,推进亚信峰会加强机制建设,提出共同、综合、合作、可持续的亚洲新安全观;升级香山论坛,使之成为一个新的具有全球影响力的多边地区安全对话平台;积极推动中

① 李克强:《在第九届东亚峰会上的发言》,《人民日报》2014 年 11 月 14 日。

国—东盟防长会议机制的完善，首次在华举行中国—东盟防长非正式会晤。推动建立中国－东盟执法安全合作部长级对话机制、筹建澜沧江－湄公河综合执法安全合作中心，承担更多的地区安全责任。第三，妥善处理地区热点问题。中国积极参与伊朗核问题谈判，促成阿富汗政府与塔利班的首轮和谈；坚持朝鲜半岛无核化，坚决反对美国在韩部署“萨德”系统；针对菲律宾阿基诺政府挑起的所谓南海仲裁案进行坚决斗争，通过与杜特尔特政府的合作使南海问题重回对话解决的轨道，有力地维护了地区和平。

中国与周边国家在禁毒、减贫、海上安全等非传统安全领域加强合作。中国与柬埔寨、老挝、越南、缅甸、泰国在禁毒方面进行了卓有成效的合作，加强中老缅泰“平安航道”的联合扫毒行动，破获毒品案件约9000起，建立多边禁毒平台——东亚次区域禁毒谅解备忘录（MOU）签约方高官会议，对推进本区域多边禁毒合作有着重要的意义。中国与周边国家一起通过《海洋合作声明》，进一步促进跨太平洋和印度洋领域的海洋合作，提供3000万人民币，支持“东亚海洋合作平台”建设；成立中国—东盟海上合作基金，总额为30亿元人民币，这将为促进中国与周边国家共同维护海上安全、共同开发、联合搜救等提供重要平台。2014年4月21－25日，中国首次承办的西太平洋海军论坛在青岛举行，论坛正式通过了《海上意外相遇规则》（CUES），这在论坛发展史上具有重要意义。它为各国海军舰机提供一整套机制化的处置程序，“对海军舰机在海上意外相遇时的海上安全程序、通信程序、信号简语等作出规范，对减少和平时期各国海空军的误解误判、避免海空意外事故、维护地区安全稳定具有积极意义”①。

（四）扩大与周边国家的人文交流

十八大以来，中国加大对周边国家教育援助力度，与周边国家互办友好年，加深民间交流，重视培养青年人这股周边人文交流的生力军。

教育文化援助力度之大前所未有。在未来5－10年内，中国将向上海合作组

① 中国国际问题研究院：《国际形势和中国外交蓝皮书（2015）》，世界知识出版社2015年版，第287页。

织成员国提供3万名政府奖学金名额;每年资助1万名“一带一路”沿线国家新生来华学习或研修;向东盟成员国提供1.5万名政府奖学金名额和1000个新生名额;除提供给蒙古国2000名政府奖学金名额外,还为蒙古军方培训500名留学生;向印尼提供1000个奖学金名额;为巴基斯坦提供2000个培训名额;为了加强与周边国家的互联互通,中国将向周边国家提供2万个互联互通领域培训名额;为欠发达国家培训农业、卫生人才;支持汉语教学,为南亚培训5000名汉语教师,邀请孔子学院师生访华等。

与周边国家互办友好年,加深民间友好交流。2014年,中国分别与印度、哈萨克斯坦等周边国家和地区互办友好交流年;2014年中国—东盟文化交流年举办,中国与东盟制定《中国—东盟文化合作行动计划》;2014年和2015年互办中俄青年友好交流年;2013年和2014年中国与哈萨克斯坦互办对方国家的文化日。中国与周边国家互办友好年、文化日等活动,有力地促进了中国人民与周边国家人民的相互了解。同时,中国与周边国家的民间团体活动不断推进。2015年12月7日至9日,由中俄两国联合举办的首届上海合作组织、金砖国家、欧亚经济联盟国家传统医学大会在莫斯科举行,来自中国、俄罗斯、印度、白俄罗斯、哈萨克斯坦等20多个国家传统医学领域近300名与会代表,就相关国家的传统医学进行研讨和交流,其中中医成为与会代表关注的主要议题。2016年中国举办了青年科学家交流和“亚洲主流媒体看中国”等活动。中国与周边国家民间团体的友好交流,对促进周边地区人民更好地在医疗卫生、科技交流、媒体互动等方面的合作提供了机会。

重视培育对华友好的生力军。访问俄罗斯时,习近平指出:“青年是国家的未来,世界的未来,也是中俄友好事业的未来。”①宣布于2014和2015年互办中俄青年友好交流年,邀请俄罗斯大学生代表团访华。在印度尼西亚,习近平提出:“今后5年,中国和印尼将每年互派100名青年访问对方国家,中国将向印尼提供

① 习近平:《顺应时代前进潮流促进世界和平发展——在莫斯科国际关系学院的演讲》,《人民日报》2013年03月24日。

1000个政府奖学金名额。”①访问韩国时，习近平指出：“青年是中韩两国的未来，也是亚洲的未来。青年兴则民族兴，青年强则国家强。”②赠给首尔大学1万册介绍中国国情的图书和影视资料，邀请首尔大学100名大学生赴华参加“汉语桥”大学生夏令营活动。在中国对周边国家教育援助中，大部分项目是面向青年学生的，这些举措将使得周边国家的青年人更好地了解中国，认识中国，有利于培养出对华友好的生力军。

目前，中国与周边国家的人文交流扩展到教育、文化、影视、宗教、科技、智库、旅游、媒体、地方省市等领域。这些举措将有利于加强中国与周边国家民心相通，加强中国民众与周边国家民众的相知相亲。

三、结论

“周边地区有着中国巨大的政治和经济利益，做好周边外交工作，争取良好的周边环境，成为未来5－10年中国外交的重中之重。”③十八大以来，以习近平同志为核心的党中央在保持外交大政方针延续性和稳定性的基础上，提出了“亲、诚、惠、容”的周边外交理念、新型义利观、构建周边命运共同体、坚持走和平发展道路、坚守底线思维，以期为实现伟大复兴的中国梦创造良好的周边环境。在新的周边外交理念指导下，中国周边外交从政治、经济、安全、人文等方面全面推进，与周边国家加强政治互信，深化经济融合，拓展安全合作，扩大人文交流，为中国实现“两个一百年”发展目标创造了良好的战略机遇期。

（原载于《社会主义研究》2017年第2期）

---

① 习近平：《携手建设中国—东盟命运共同体——在印度尼西亚国会的演讲》，《人民日报》2013年10月04日。

② 习近平：《共创中韩合作未来同襄亚洲振兴繁荣——在韩国国立首尔大学的演讲》，《人民日报》2014年07月05日。

③ 陈瑞欣：《从政府工作报告（1978－2015）看中国周边外交政策的发展变化》，《国际观察》2016年第1期。